園生活が充実する「すきま遊び」

監修 社会福祉法人
　　 日本保育協会
著　 駒井美智子

中央法規

監修のことば

　核家族化の進展、地域のつながりの希薄化、共働き家庭の増加、兄弟姉妹の数の減少など子育て家庭や子どもの育ちをめぐる環境が大きく変化したことを背景に、平成27年4月に「子ども・子育て支援新制度」が施行され、平成29年には保育所保育指針や幼保連携型認定こども園教育・保育要領が改正されました。

　こうした中、新たに保育の現場に立つこととなった皆様に対する保育現場からの期待は大きなものがあります。一方で、これから現場に立たれる保育者の皆様は、様々な不安や戸惑いを感じることもあるのではないかと推察いたします。

　この「保育わかばBOOKS」第2弾では、保育現場に立たれて間もない新任の保育者や、キャリアにブランクのある保育者のために、日常の保育に求められる実践力や専門性の基礎をわかりやすく解説した実務書シリーズとして企画されました。

　本シリーズは、「保育を活性化するすきま時間を活用した遊び」「クラス運営に役立つ基本・応用スキル」「保護者とのコミュニケーション」「子どもの食を支える基本」「子どもの発達をとらえた保育実践」をテーマとして発刊することとなりました。

　皆様が本シリーズを活用し、今後さらに求められる保育の実践力や専門性を培われ、ますますご活躍されることを心より期待しています。

社会福祉法人　日本保育協会

はじめに

― 宝物は自分自身の中にある ―

　メーテルリンクの童話『青い鳥』をご存じですか？　主人公のチルチルとミチルが幸福の青い鳥を求めて旅するお話。そのなかに私にとって印象的な場面があります。チルチルとミチルが行った「未来の国」で、その国を支配している時(とき)のおじいさんが、誕生を待つ未来の子どもたちに「さあ、今度はおまえが誕生する番だ！　時間は決められている。今行け！」と語りかける場面です。おじいさんは大きなカマを振りかざしながら、"過ぎていく時間"を刈り取っていきます。時間の流れは大きな砂時計。時間は1粒の砂なのです。1粒がたくさん集まり点になる、点が集まり線になる。この線が、人生なのです。砂時計の砂が上から下へと落ちるように、過去〜現在〜未来と決して逆戻りせずに流れていきます。時間はとても貴重なものです。

　子どもの成長は加速度がとても速く、乳幼児期という期間は瞬く間に過ぎ去っていきます。子どもと毎日を過ごす保育者には、時間を無駄にすることは許されません。だからこそ、保育活動の前後などにできる"すきま"時間であっても、

　何もせずに子どもを待たせるのではなく、大いに活用したいものです。子どもは遊ぶのが大好きです。わずかな時間であっても充実した時間を過ごすと、子どもは"イキイキ"とし、園生活そのものにも充実感を感じます。保育活動は"イキイキ"となるべきであり、"イキイキ"してほしいものです。
　保育者自身が保育力を高めたいと思ったときに、本書の「すきま遊び」の活用をおすすめします。この本は、子どもの最高の笑顔を勝ち取るためにつくられた1冊です。元気で明るく、そして時(とき)の大切さを感じながら保育をしていただきたい。「すきま遊び」は、その根底には保育者が過去に経験した遊びが基礎になっていることが多いものです。つまり、保育者自身が宝庫であることに目覚めてほしい。コツコツと遊びの充実・継続・連続することはむしろ地道で、かつ大変なことです。しかし、そんな毎日の「すきま遊び」を蓄積する姿勢こそが保育力やスキルUPとなり、保育者にも子どもにとっても大切な宝箱になっていきます。

駒井美智子

子どもイキイキ！園生活が充実する「すきま遊び」 CONTENTS

監修のことば …… 3
はじめに …… 4
本書の特長と使い方 …… 10

第1章 「すきま遊び」で育つ子どもの姿

保育の"すきま"に遊ぶ意味 …… 12

幼児文化教材としての「すきま遊び」 …… 14

「すきま遊び」と「幼児期の終わりまでに育ってほしい姿」の関係性 …… 16
参考：幼児期の終わりまでに育ってほしい姿（10の姿）

第2章 目的別「すきま遊び」のレシピ38

盛り上げ遊び
活動への気持ちを盛り上げる遊び

「とんとんとんとん」で変身 …… 26

サインをキャッチ！ …… 28

3つのヒントで「これは何でしょう」 …… 30

なーいた　ないた …… 32

1本と5本で何食べる？ …… 34

こんなかお …… 36

タオル七変化 …… 38

コミュニケーション遊び
コミュニケーションに役立つ遊び

- 言葉あつめ …… 40
- 手つなぎゲーム …… 42
- テレビに出たよ …… 44
- お返事ワンワン …… 46
- インタビューごっこ …… 48
- 言葉つなぎ …… 50
- うしろの正面だあれ …… 52

集中遊び
子どもを集中させる遊び

- 言葉あてゲーム …… 54
- 伝言ゲーム …… 56
- 目を閉じて片足立ち …… 58
- 顔じゃんけん …… 60
- なんのおにぎり？ …… 62
- お店やさん、あるある！ …… 64
- 勝負！タオル取り …… 66
- 先生が言いました …… 68

ふれあい遊び
ふれあいで心をつなぐ遊び

- エレベーターで「何階ですか？」…… 70
- 新聞紙でおしくらまんじゅう …… 72
- いすをどうぞ …… 74
- なにが焼けたかな …… 76
- なべなべ　そこぬけ　ジャンプ！ …… 78

落ち着き遊び
気持ちを落ち着かせる遊び

- まねっこ遊び　トントンパ！ …… 80
- 耳をすましてみよう …… 82
- ピッと座ろう!! …… 84
- えかきうた …… 86

子どもイキイキ！園生活が充実する「すきま遊び」
CONTENTS

戸外遊び
戸外活動のあいまを楽しむ遊び

- あいさつリレーはじまるよ！ …… 88
- だるまさんが踊った？ …… 90
- おおかみさん、今何時？ …… 92
- 赤・黄・青信号！ …… 94
- どんな音？ どんな形？ …… 96
- 忍者に変身！ …… 98
- なにに見えるかな …… 100

第3章 「すきま遊び」の配慮と工夫

- 「すきま遊び」の選び方 …… 104
- 実践するときの配慮 …… 107
- 「すきま遊び」の準備 …… 109
- 「すきま遊び」の見つけ方、作り方、広げ方 …… 110
- Let's try 「すきま遊び」をつくろう …… 112

- Column 1　Longすきま遊びのレシピ …… 114
- Column 2　遊びは心のままの活動 …… 117
- 付録　おにぎりカード …… 118

9

Read me

本書の特長と使い方

特長
- 本書では、活動と活動の"すきま"に実践できる遊びのレシピを平成29年度改正 保育所保育指針など3法令における「幼児期の終わりまでに育ってほしい姿」の関連性もふまえ、紹介します。育みたい子どもの資質・能力を意識して遊びを提供することができ、楽しく充実した"すきま"時間を過ごせます。
- 本書は3部構成になっています。
  第1章 ──「すきま遊び」の役割や、育まれる子どもの姿への理解を深めます。
  第2章 ── 遊びを通して意図する子どもの姿ごとに、遊びのレシピを紹介します。
  第3章 ── 実践する際の配慮や工夫点を伝えます。

使い方

遊びが乳児（0～2歳児）向けか幼児（3～5歳児）向けかが一目で分かります。

遊びの際に「配慮」すべき点、遊びを楽しくする「工夫」や「ヒント」などのアドバイスです。

「幼児期の終わりまでに育ってほしい姿」のどのような姿が育つかを説明します。

遊びの進め方を保育者の台詞を中心に紹介。台詞を順番に話せばすぐに遊べます。

遊びのねらいごとにすぐに探せます。

第1章

「すきま遊び」で育つ子どもの姿

保育や生活活動のつなぎ目などにできる"すきま"時間はどのように過ごすとよいのでしょうか。
"すきま"に遊ぶ意味や遊びを通して育つ姿を伝えます。

保育の"すきま"に遊ぶ意味

"すきま"時間での遊びは子どもや活動にどのような影響をもたらすのでしょうか。"すきま"での遊びがもつ役割を考えます。

「すきま遊び」とは何でしょうか。その問いに答える前に、まずは子どもの「遊び」について説明しましょう。

遊びとは、楽しく、興味・関心をもってする主体的・意欲的で積極的な活動です。遊びは子どもにとって生活そのものであり、心身の発達形成のすべての面に密接なかかわりがあります。子どもは遊びを通してたくさんのことを学び、成長していくのです。

「すきま遊び」は私の造語で、保育活動や食事・午睡など生活活動の前後にあるちょっとした"すきま"時間に、保育者が子どもに示しておこなう遊びを指します。原則として、あらかじめ計画を立てたり準備しておく必要はなく、思いついたらすぐにその場で、いわば保育者の身体ひとつで臨機応変におこなうものです。このとき、保育者のスキルや保育の質などが問われます。

「すきま遊び」は、目新しいものではありません。例えば、食事の前に、みんなで「おべんとうばこのうた」をうたってから「いただきます」をする。行事などで、全員が着席するまでの待ち時間に「げんこつ山のたぬきさん」の手遊び歌を楽しむ。これらはすべて「すきま遊び」です。毎日の保育のなかでいろいろな角度・方法で実践しているでしょう。

しかし、こうした遊びをどこか軽視していませんか。"すきま"におこなうとはいえ、単なる保育時間のうめ合わせではありません。「すきま遊び」には大切な役割があります。

「すきま遊び」の3つの役割

1. 子どもの発達過程を支援する

「すきま遊び」は子どもの心身の発達を促します。例えば、大きく身体を動かす遊びで体幹を鍛えたり、手遊びで手先の巧緻性を高めたり、歌や言葉遊びで情緒を育てることができます。

2. 日々の活動を助ける

「すきま遊び」をおこなうことで、そのときの中心的な活動に向かう子どもの意欲を高めます。活動の導入として、あるいは休憩や終結の場面などに「すきま遊び」を効果的に配置すると、子どもの緊張感をほぐしたり、集中力を高めたりすることにつながります。

3. 遊びを充実させる

「すきま遊び」をいつもの遊びにプラスすることで、遊びをより充実させ、子どもの活力を高めることができます。

幼児文化教材としての「すきま遊び」

子どもの心を育てる「幼児文化教材」。そのひとつである「すきま遊び」を実践する際の配慮点や留意点を伝えます。

幼児文化教材とは、例えば、絵本や紙芝居、手遊び、言葉遊び、伝承遊び、指人形、ペープサート、パネルシアターなど、子どもの心を豊かに育てるために効果的で身近な教材のことです。「すきま遊び」はそのなかでも簡単に活用することができます。

保育者が子どもに簡単な幼児文化教材（ここでは「すきま遊び」）を提供する際に必要な要素は3つあります。

教材提供時の3つのエッセンス

1. 興味性

子どもは、おもしろいものや楽しいもの、めずらしいもの、未知のものや不思議なもの、夢のあるものなどに大いに興味・関心をもちます。「おもしろそうだ！」とワクワクする気持ちがないと取り組みません。また、興味・関心をもたないものに無理やり取り組ませても、子どもの心身にしみこみません。

「すきま遊び」で育つ子どもの姿　第1章

したがって「すきま遊び」には、リズミカルなメロディ、ユニークな表情、パッと目を引く動き、不思議なしかけなどが必要です。子どもがワクワク・ドキドキしながら取り組めるように実践することが重要なのです。

2. 幼児性

"すきま"という短い時間でおこなう遊びとはいえ、子どもが理解できるわかりやすいものでなければなりません。理解できないものは楽しく取り組めません。子どもと大人では視線や視点は大きく違います。子どもの発達段階や個人差を十分に理解し、それぞれの対象年齢に合った遊びを選ぶ必要があります。

3. 教育性

「すきま遊び」は立派な保育行為、保育活動であり、"ねらい"が必要です。人は豊かな知的可能性を秘めています。この可能性に保育者が働きかけることで、未来社会を担う子どもに生きる力・考える力の基礎をつくりあげることができるのです。そのために、「すきま遊び」をどのように活用するかを保育者はしっかりと考えながら取り組みましょう。

配慮しなければならないなのは、「教育性」を前面に押し出さないことです。「教育性」を重視しすぎると、子どもにとって押し付けになる可能性があります。押し付けられたものに子どもは興味・関心を示しません。「すきま遊び」ばかりか、次に続く保育活動にまでモチベーションが下がるおそれがあります。

その意味で、もっとも大切にすべきなのは「興味性」です。「おもしろそうだ！」と子どもの興味・関心を引き出すことを大事にし、「教育性」にも考慮しながらおこないましょう。

「すきま遊び」と「幼児期の終わりまでに育ってほしい姿」の関係性

「すきま遊び」には子どものさまざまな資質・能力を育む力があります。
どのように関連しているか、遊びの具体例を見ながら理解を深めましょう。

「すきま遊び」には、保育を活性化し、保育の質を高め、子どもの成長・発達を助ける大きな力があります。

　平成29年度に同時改正された3法令（幼稚園教育要領・保育所保育指針・幼保連携型認定こども園教育・保育要領）で、就学前までに育ってほしい具体的な姿として「幼児期の終わりまでに育ってほしい姿」（10の姿）が示されました。保育においてはこれまでの5領域の内容のほか、幼児期の終わりまでに育ってほしい姿として示されている10項目をも意識することが求められるようになりました。「すきま遊び」のもつ役割と機能を意識しながら意図的に取り組むことで、これらの姿につなげることができます。

　「すきま遊び」と10項目の姿とは、次のような関係性があります。

※「幼児期の終わりまでに育ってほしい姿」（10の姿）についてはp.22〜24参照。

1. 健康な心と体

　ぴょんぴょん跳んだり走ったりすることで元気な身体が育ちます。「すきま遊び」を活用して、健康な身体をつくりましょう。

　また、食事の前に手洗いの歌をうたうなど生活の節目に「すきま遊び」を用いることで、清潔に配慮し、健康な身体をつくる気持ちを育てます。

　さらに、みんなで手遊び歌をうたうなど和やかで豊かな時間を通して、健やかな心を育てることにもつながります。

　情緒の安定と生命の保持、心と身体は一体ですね。

2. 自立心

　手軽に取り組める「すきま遊び」ですが、例えばリズム遊びでどうしてもうまくできない動きがあり「もういやだ！」と思ってしまうなど、子どもの気持ちに葛藤（かっとう）が生まれるシーンもあります。

　くやしい、でもがんばってやり抜くことで、子どもの強い心を育てるチャンスが「すきま遊び」にはたくさん含まれています。

3. 協同性

「すきま遊び」は原則、集団の遊びです。隣の友だちと手をつなぐ、リズムに合わせて保育者や友だちの身体にタッチするなど、友だちと一緒に過ごす喜びを味わわせてくれます。

　自宅での一人遊びとは異なり、みんなでやるから楽しいと思える経験が子どもの協同性を育てます。社会参加への導入にもつながりますね。

4. 道徳性・規範意識の芽生え

「すきま遊び」は、保育者や子ども同士の対話で創造力を膨らませながらアレンジするおもしろさがあります。

　例えば、「ひげじいさん」の手遊び歌なら、いつも同じようにうたうのではなく、「どんなおひげがいいかな？」「長いおひげがいいよ」と話し合いながら、手でひげの形を工夫したりします。対話の過程で、自分の気持ちと相手の気持ちに折り合いをつけることが、道徳心や規範意識の芽生えにつながります。

「すきま遊び」で育つ子どもの姿　第1章

5. 社会生活との関わり

　いつも過ごす保育室以外の環境を知る第一歩は園内を知ること。"すきま"時間が生まれたら、園内を探検してみましょう。保育者が先頭に立ち、みんなで並んで園内を歩きます。「ここがトイレです。こちらのマークが女の子、あちらが男の子です」「ここは給食室です。今日の給食は何かな？」と、子どもが生活するうえで必要なルールなどを伝えるチャンスです。

6. 思考力の芽生え

　子どもは遊びのなかで不思議に思ったり好奇心を感じたことをきっかけに、あれこれ考えるようになります。
　「なーいた　ないた」の言葉遊びでは鳴き声がするものは何かなとワクワクしながら想像力を働かせ考えます。友だちの答えを聞いて、新たな気づきを得ることもあります。
　友だちとふれあい話し合う機会の多い「すきま遊び」は、思考力を自然と高めます。

7. 自然との関わり・生命の尊重

　毎日見ている園庭の変化に気づかせる保育者の言葉かけはとても重要です。「ほら、見て。緑色だったもみじが赤くなったよ」と、葉っぱの色の変化に気づかせる言葉をかけてから、もみじの歌をうたうなど、「すきま遊び」を活用することで、子どもの自然や生命への興味・関心がより育ちます。

　自然と遊びをうまく結びつけましょう。材料はあちらこちらにいっぱいありますね。

8. 数量や図形、標識や文字などへの関心・感覚

　幼児期は机に向かっての「学習」という形ではなく、生活や遊びを通して数量・図形、文字などへの関心・感覚を育てていきます。
「すきま遊び」には言葉や数、図形の概念が含まれた遊びが多いです。「"あ"のつくものなーんだ」、たったこれだけの問いから始まる「すきま遊び」でも、子どもの言葉への関心を育てる効果は無限大です。

「すきま遊び」で育つ子どもの姿　第1章

9. 言葉による伝え合い

「すきま遊び」は、保育者がその場で遊び方を言葉で伝えて始まります。子どもたちは、何が始まるかワクワクした気持ちで保育者の話に耳を傾けます。わからないことがあれば先生や友だちに聞くことを通して、自分で問題を解決しようとする力が育ちます。まさに「すきま遊び」そのものが言葉によって伝え合う力や表現する力を育んでいるのです。

10. 豊かな感性と表現

　身体を使って、手を使って、歌声で、表情で。「すきま遊び」には、子どもの豊かな感性と表現力を高める要素がたくさん含まれています。

　例えば、保育者がその場で折り紙を細長くちぎり、うさぎの耳に見立てて頭の上に2本乗せたり、鼻の前でゆらゆらさせて「これなーんだ？」と問いかけるだけでシルエット遊びができます。豊かな想像力と表現につながりますね。

21

参考

幼児期の終わりまでに育ってほしい姿（10の姿）

平成29年度改正
「幼稚園教育要領」「保育所保育指針」
「幼保連携型認定こども園教育・保育要領」より抜粋

1 健康な心と体

保育所の生活の中で、充実感をもって自分のやりたいことに向かって心と体を十分に働かせ、見通しをもって行動し、自ら健康で安全な生活をつくり出すようになる。

2 自立心

身近な環境に主体的に関わり様々な活動を楽しむ中で、しなければならないことを自覚し、自分の力で行うために考えたり、工夫したりしながら、諦めずにやり遂げることで達成感を味わい、自信をもって行動するようになる。

3 協同性

友達と関わる中で、互いの思いや考えなどを共有し、共通の目的の実現に向けて、考えたり、工夫したり、協力したりし、充実感をもってやり遂げるようになる。

4 道徳性・規範意識の芽生え

友達と様々な体験を重ねる中で、してよいことや悪いことが分かり、自分の行動を振り返ったり、友達の気持ちに共感したりし、相手の立場に立って行動するようになる。また、きまりを守る必要性が分かり、自分の気持ちを調整し、友達と折り合いを付けながら、きまりをつくったり、守ったりするようになる。

「すきま遊び」で育つ子どもの姿　第1章

5 社会生活との関わり

家族を大切にしようとする気持ちをもつとともに、地域の身近な人と触れ合う中で、人との様々な関わり方に気付き、相手の気持ちを考えて関わり、自分が役に立つ喜びを感じ、地域に親しみをもつようになる。また、保育所内外の様々な環境に関わる中で、遊びや生活に必要な情報を取り入れ、情報に基づき判断したり、情報を伝え合ったり、活用したりするなど、情報を役立てながら活動するようになるとともに、公共の施設を大切に利用するなどして、社会とのつながりなどを意識するようになる。

6 思考力の芽生え

身近な事象に積極的に関わる中で、物の性質や仕組みなどを感じ取ったり、気付いたりし、考えたり、予想したり、工夫したりするなど、多様な関わりを楽しむようになる。また、友達の様々な考えに触れる中で、自分と異なる考えがあることに気付き、自ら判断したり、考え直したりするなど、新しい考えを生み出す喜びを味わいながら、自分の考えをよりよいものにするようになる。

7 自然との関わり・生命尊重

自然に触れて感動する体験を通して、自然の変化などを感じ取り、好奇心や探究心をもって考え言葉などで表現しながら、身近な事象への関心が高まるとともに、自然への愛情や畏敬の念をもつようになる。また、身近な動植物に心を動かされる中で、生命の不思議さや尊さに気付き、身近な動植物への接し方を考え、命あるものとしていたわり、大切にする気持ちをもって関わるようになる。

23

幼児期の終わりまでに育ってほしい姿 (10の姿)

8 数量や図形、標識や文字などへの関心・感覚

遊びや生活の中で、数量や図形、標識や文字などに親しむ体験を重ねたり、標識や文字の役割に気付いたりし、自らの必要感に基づきこれらを活用し、興味や関心、感覚をもつようになる。

9 言葉による伝え合い

保育士等や友達と心を通わせる中で、絵本や物語などに親しみながら、豊かな言葉や表現を身に付け、経験したことや考えたことなどを言葉で伝えたり、相手の話を注意して聞いたりし、言葉による伝え合いを楽しむようになる。

10 豊かな感性と表現

心を動かす出来事などに触れ感性を働かせる中で、様々な素材の特徴や表現の仕方などに気付き、感じたことや考えたことを自分で表現したり、友達同士で表現する過程を楽しんだりし、表現する喜びを味わい、意欲をもつようになる。

第2章

目的別「すきま遊び」のレシピ38

遊びを通して意図する子どもの姿ごとに
「すきま遊び」のレシピを紹介します。
伝承遊びなどすでに知っている遊びも
「幼児期の終わりまでに育ってほしい姿」との関連性をふまえ、
"すきま"時間にふさわしいようにアレンジしています。

| 盛り上げ遊び | 乳児向け 幼児向け |

「とんとんとんとん」で変身

子どもたちにもおなじみの「とんとんとんとんひげじいさん」の歌をうたいながら、好きなものに変身する遊びです。

育つ姿

 思考力　 感性と表現

- イメージをふくらませて自分の身体でどんな表現をしようか思いをめぐらせる。
- リズムに合わせて身体を動かす楽しさを感じる。

準備するもの

とくになし

進め方

1 保育者

♪とんとんとんとん ひげじいさん

「ひげじいさん」の歌をうたいます。

とんとんとんとん うさぎさん
とんとんとんとん ね〜こさん
とんとんとんとん ちょうちょさん
とんとんとんとん ……

うさぎさん／ねこさん／ちょうちょさん

目的別「すきま遊び」のレシピ38　第2章

❷

♪とんとんとんとん
さあ、みんな
何になろう？

保育者

何に変身したいか問いかけ、子どもから声のあがったものにどんどん変身していきます。

うさぎ
子どもA

ねこ
子どもB

ちょうちょ
子どもC

工夫
全員が変身したいものを発表できるように、一人ずつ順番に聞いていくとよいでしょう。時間的な制約で全員の発表が難しいときは、今日の当番や○○グループの人が発表するなど、あらかじめ決めておきましょう。

配慮
子どもが変身したいものは、どんな表現であっても認め、「その変身素敵だね」とたくさんほめましょう。

応用

ひげの形を相談しよう

「ひげの形」などひとつのテーマを与え、子ども同士でどんなひげのポーズができるかを話し合い、考えます。
対話の過程で相手に言葉で伝える力や、意見が合わなかったときに自分の気持ちを調整し折り合いをつける道徳性を身につけることができます。

活動への気持ちを盛り上げる

コミュニケーションに役立つ

子どもを集中させる

ふれあいで心をつなぐ

気持ちを落ち着かせる

戸外活動のあいまを楽しむ

27

| 盛り上げ遊び | 幼児向け |

サインをキャッチ！

「このサイン（絵や記号）が出たらこの動作をする」とあらかじめルールを決め、保育者が見せたサインに従って子どもが動きます。

育つ姿

- サインに従って素早く身体を動かすことで、運動能力を高める。
- ルールを理解し、ルールを守って行動する力を育てる。

準備するもの

サインカード

画用紙などの表にサインペンで絵や記号を大きく描き、裏にはその動作内容をわかるようにしておきます。

進め方

1

保育者

このサインは「片足で立つ」だよ

サインと動作のルールを伝えます。まずはひととおり練習してみましょう。

❷ サインをキャッチ！

保育者

保育者の「サインをキャッチ！」のかけ声でカードを見せ、子どもがその動きをします。

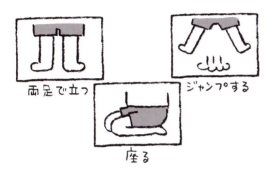

工夫
就学前の5歳児なら、絵でなく記号だけでもどのような動作をするかがわかるようになります。
記号のサイン例：
□…両足で立つ
△…座る
↑…ジャンプする

工夫
慣れてきたら、2枚のサインカードを見せて、その動作を2つ続けておこなうなどレベルアップしてみましょう。

応用

サインの形を身体で表現してみよう

サインカードに描かれた形を子どもたちの身体を使ってつくります。目的に向かって友だちと協力する経験ができます。

進め方

1. サインと動作のルールを一緒に考える。
カードに描かれた絵や形を見せ、友だちとどのような動作をするとその形になれるかを話し合います。いろいろなやり方があることを伝えましょう。

2. 「サインをつくろう！」で動く。
保育者のかけ声でカードを見せ、そこに描かれた形を子どもたちが身体で表現します。

| 盛り上げ遊び | | 幼児向け |

3つのヒントで「これは何でしょう」

3つのヒントから連想して、それが何かをあてる遊びです。

育つ姿

思考力　言葉

◎ 身近なものの特徴や性質を感じ取り、思いをめぐらせるきっかけになる。
◎ 言葉を通して保育者や友だちと心を通わせる楽しさを感じる。

準備するもの
とくになし

進め方

①

保育者

> 3つのヒントで、それが何かを当ててね
> 「こ・れ・は・な・ん・で・しょ・う?」
> 1つ目のヒントは丸いもの

保育者が3つのヒントを出し、そのヒントをもとに子どもが考えて当てます。一度に3つのヒントを出すのではなく、1つずつ出します。

30

目的別「すきま遊び」のレシピ 38　第2章

❷ 2つ目のヒントは赤いもの

保育者

2つ目のヒントを出します。

> りんご？ — 子どもA

> とまとかな？ — 子どもB

❸ 3つ目のヒントはくだものです

保育者

> りんご！ — 子どもC

❹ ピンポーン！　あたり！

保育者

> やったー！ — 子どもC

配慮
思いついたらいくつでも答えが言える自由な雰囲気を大切にします。

工夫
子どもがわからないようだったら、4つ目、5つ目のヒントを追加してもよいでしょう。

工夫
動物や虫、人（保育者や子ども）を答えにするのも楽しいです。
その場合は、「私は誰でしょう」と言って始めます。

応用

子どもがヒントを出してみよう

慣れてきたら、保育者でなく子どもがヒントを出します。
「形」「色」「用途や種類（食べ物、乗り物、家の中で使うものなど）」から考えてヒントを出すように伝えましょう。

活動への気持ちを盛り上げる

コミュニケーションに役立つ

子どもを集中させる

ふれあいで心をつなぐ

気持ちを落ち着かせる

戸外活動のあいまを楽しむ

31

| 盛り上げ遊び | 幼児向け |

なーいた　ないた

「なーいた　ないた　なーにがないた？」の問いかけに子どもが鳴き声のまねや動作で返す、かけ合い遊びです。なくのは動物、赤ちゃん……自由な発想でのかけ合いを楽しみましょう。

育つ姿

- 質問に対して日常のさまざまなものに思いをめぐらせ、表現できる。
- 状態や様子を表現するオノマトペ（擬音語や擬声語の総称）をたくさん経験することで言葉での表現力を高める。

準備するもの

とくになし

進め方

❶

「なーいた　ないた」と先生が言ったら、「なにがないた？」ってみんなで返してね。
「かえるが鳴いた」って答えたら、みんなで鳴きまねをしようね

ルールを説明します。

保育者

32

目的別「すきま遊び」のレシピ 38　第2章

保育者

❷ 動物もいろいろな鳴き声があるね。でも、なくのは動物だけじゃないよ。ほかにもあるよ

保育者

「なく」のは動物だけじゃなく、赤ちゃんなど「泣く」人だったり、水のざーっと流れる音を「なく」と表現してもいいですね。

保育者

❸ なーいた　ないた

工夫
保育者が話す声を小さくすると、静かに集中して話を聞く意識が高まります。

工夫
「きりんが鳴いた」のように、鳴き声が想像できない動物を伝え、子どもと一緒に図鑑などで調べるのも楽しいですね。

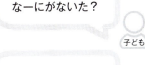

なーにがないた？
子ども

ねーこが鳴いた
子どもA

ニャーニャー
子ども

ヒント
「ないた　ないた」をいろいろ変えてみましょう。
例：「さわった　さわった　なにがさわった？」
「行こう　行こう　どこへ行こう？」
「なろう　なろう　なにになろう？」

応用

「落ちた落ちた　なにが落ちた？」で落ちてくるものをキャッチ！

進め方

1. 「落ちた落ちた」に続く言葉として、どんなものが落ちてくるかを一緒に出し合います。
2. それが落ちてきたら、どんなポーズで受け止めるかも考えて遊びます。

活動への気持ちを盛り上げる

コミュニケーションに役立つ

子どもを集中させる

ふれあいで心をつなぐ

気持ちを落ち着かせる

戸外活動のあいまを楽しむ

33

盛り上げ遊び

1本と5本で何食べる？

左手でお皿やどんぶり、右手の指でおはしやフォーク、スプーンを表現し、好きなメニューを食べるまねをする手遊び歌です。

育つ姿

◎ 手の指と数を一致させて、数の感覚を身につける。
◎ リズムにのって手を動かしたり、歌をうたったりする楽しさを感じる。

準備するもの

とくになし

進め方

保育者

① ♪1本と5本で串ができた
串を使って何を食べた
1本と5本で
お団子食べた
おいしく食べちゃった〜

保育者が手遊び歌をゆっくりとていねいに実演します。

※「10人のインディアン」（マザーグース）のメロディに合わせてうたいます。

第2章 目的別「すきま遊び」のレシピ38

②

♪2本と5本でおはしができた

保育者

右手の指を2本に変え、おはしを表現します。

③

みんな、おはしで何を食べる？

保育者

おはしで食べたいものを子どもに聞きます。

うどん！
子ども

④

うどんを食べちゃった

保育者

子どもと一緒に手遊び歌を続け、右手の3本指でフォーク、4本指でスプーンを表現します。食べるものを子どもが考えます。
最後は5本指と5本指でおにぎりを握るまねをしましょう。

指導
おはし、フォーク、スプーンのそれぞれで何を食べるかを子どもが考えます。

ヒント
こんな食べものがあります。
おはし➡ごはん
小さなフォーク➡ケーキ
大きなフォーク➡スパゲティ
小さなスプーン➡プリン
大きなスプーン➡カレーライス

工夫
「おにぎりの具は何にしようか」「何が入っているおにぎりが好き？」などと問いかけ、それぞれが好きな具を答えると遊びに広がりが出ます。

活動への気持ちを盛り上げる

コミュニケーションに役立つ

子どもを集中させる

ふれあいで心をつなぐ

気持ちを落ち着かせる

戸外活動のあいまを楽しむ

35

| 盛り上げ遊び | | 乳児向け 幼児向け |

こんなかお

うれしいとき、悲しいとき、怒ったとき……いろいろな気持ちを顔で表現することを楽しみます。遊びを通して気持ちを表情で表出して伝えることを学びます。

育つ姿

思考力　感性と表現

- こんな気持ちのときはどのような表情をするのか想像する力を養う。
- 気持ちや感じたことを表現してまわりに伝えられるようになる。

準備するもの

とくになし

進め方

1 保育者

あまーいアイスクリームを食べたときの顔はどんな顔？

気持ちを表情であらわすように言葉をかけ、子どもと一緒にその表情をして、見せ合いっこをします。

あまーいアイスクリーム食べたとき

36

第2章 目的別「すきま遊び」のレシピ38

❷ みんないいお顔だね！
つぎは、転んで痛かったときは
どんな顔？

保育者

痛がる、笑う、怒るなどいろいろな気持ちが表現できるように、子どもの体験に合わせて具体的な場面を伝えます。

★工夫
保育者が少しおおげさに表情をつくって見せましょう。「しくしく」など声をあらわす擬声語をつけるともっとわかりやすいですね。

★工夫
「最後は粘土遊びをするときのお顔はどんな顔？」など、次の活動につながる言葉をかけるとスムーズに移行できます。

★ヒント
子どもがよく見せる表情を観察し、それを遊びに取り入れると表現のバリエーションが広がります。
日常的に子どもの様子を観察しましょう。

活動への気持ちを盛り上げる

コミュニケーションに役立つ

子どもを集中させる

ふれあいで心をつなぐ

気持ちを落ち着かせる

戸外活動のあいまを楽しむ

37

| 盛り上げ遊び | 幼児向け |

タオル七変化

タオル1枚を使って何に変身しよう？ おじいさん？ マフラー？ 子どもの自由な発想で変身を楽しみましょう。

育つ姿

- 思考力
- 感性と表現

◎ タオルを使って何に変身できるかあれこれ考えたり、試したりする力を養う。
◎ 表現する過程を楽しむことができる。

準備するもの

フェイスタオル

進め方

① 保育者

「このタオルは
いろいろなものに
変身するタオルだよ。
こうするとマフラーに
なるよ」

タオルを広げて見せたあと、保育者の首にふんわりと巻きます。

38

第2章 目的別「すきま遊び」のレシピ38

❷ ほかにどんなものに変身できるかな？

保育者

> おじいさん！
> 子どもA

> 座布団！
> 子どもB

答えが出てきた子どもにタオルを渡し、みんなの前でタオルを使って変身してもらいます。

配慮
子どもの変身したものがそのように見えなくても否定はせず、受けとめてほめましょう。自由な発想を言える雰囲気をつくり、子どもの想像力の芽を育てましょう。

工夫
ハンドタオルを持参する園であれば、それを使って遊んでもいいですね。
首に巻いて"スカーフ"、真ん中で結んで"りぼん"などができます。
タオルを2枚使って"てぶくろ""くつした"。いろいろな発想が生まれてきますね。

 応用

新聞紙七変化

素材を変えて、新聞紙で変身するのも楽しいですね。新聞紙なら、ちぎったり、丸めてテープでとめたりとアレンジの幅が広がります。
新聞紙を肩にかけて"マント"、筒状に丸めテープでとめて"帽子"、丸めて"剣"……。子どもと一緒にいろいろな変身を楽しみましょう。

（サイドタブ：活動への気持ちを盛り上げる／コミュニケーションに役立つ／子どもを集中させる／ふれあいで心をつなぐ／気持ちを落ち着かせる／戸外活動のあいまを楽しむ）

39

| コミュニケーション遊び | |

言葉あつめ

「あ」なら「あかちゃん」「あひる」のように、はじめの音（文字）が同じ言葉を探す遊びです。リズムにのせて進めると楽しいです。

育つ姿

 数量や文字　 言葉

- 同じ文字のつく言葉を探すことで、言語能力の基礎となる語彙が増える。
- 自分が発見した言葉をみんなの前で発表することで、言葉を通したコミュニケーションの練習となる。

準備するもの

とくになし

進め方

①

保育者

「あ」のつく言葉を探して言ってみるね
あめ　パン・パン（手拍子）
あさ　パン・パン（手拍子）
あき　パン・パン（手拍子）

保育者が「あ」ではじまる3つの言葉を手拍子をしながら言ってみせます。

40

❷

保育者

次は「か」のつく言葉を3つ、探してね

手拍子を続けながら、子どもたちの考える時間をとった後、一人ずつ順番に聞きます。

かき！　パン・パン（手拍子）

子どもA

かえる！　パン・パン（手拍子）

子どもB

かまきり！　パン・パン（手拍子）

子どもC

❸

保育者

すごい！　よく見つけたね。次は何がつく言葉にする？

数人答えたら、次は違う文字にしてやります。

配慮
子どもから違う文字の言葉が出てきたときも否定はせず、「ほかにあるかな？」と問いかけましょう。

指導
子どもが文字に興味をもちだしたときがこの遊びを始めるチャンスです。
いろいろな文字にふれられるように、今週はあ行、来週はか行、と提示する文字がかたよらないように保育者は意識しましょう。

工夫
リズム遊びの要素もあるので、手拍子に代わって、ときにはカスタネットやすずなどを使用してもよいでしょう。楽器を見たり、聞いたりすると心が躍りますね。「すきま遊び」には新規性もポイントです。

| コミュニケーション遊び | |

手つなぎゲーム

保育者が言った人数で手をつなぎ、グループをつくります。素早く人数を揃えなければ困ってしまう緊張感が楽しいです。人数によっては戸外で遊んでもいいですね。

育つ姿

- 協同性
- 数量や文字

◎ ふだん交流の少ない友だちとも協力し合う気持ちやコミュニケーション能力が育つ。

◎ 人数を合わせて手をつなぐ過程で、数に対する感覚が養われる。

準備するもの

とくになし

進め方

①

> 先生が言った人数で手をつないでね。
> 人数が集まったら、その場で座ってね

保育者（保育者がルールを説明します。）

42

目的別「すきま遊び」のレシピ38　第2章

保育者

❷
♪ランランラ
4人！

保育者がリズムにのって人数を言い、子どもがその人数で手をつないで座ります。

工夫
はじめは2人、3人など少ない人数から始め、慣れてきたら人数を増やします。
同じ人数でグループをつくれないときは保育者が加わるなど、工夫しましょう。

保育者

❸
あと何人いたら4人になるかな？
お友だち同士で教え合おうね

チームがつくれずにいる子ども同士で「あと2人来てください」「あと1人です！」と教え合い、問題が解決するように、保育者が促します。

配慮
なかなか手をつなげずにいる子どもには、保育者がやさしく手をつなぎ、「〇〇ちゃんと手をつなごうか」と誘導するなど、遊びを楽しめるようにします。

応用

カードで集まろう

手をつなぐ人数を数字や図の描かれたカードを見せるだけで伝える遊びです。目で見た情報を理解し行動する経験につながります。

進め方

1．「先生が見せたカードに描かれている数と同じ人数で手をつないでね」
2．「さあ、集まろう！」
　　保育者はカードを見せ、子どもはその人数で手をつないで座ります。

コミュニケーション遊び

テレビに出たよ

ダンボールなどでつくった枠をテレビに見立て、テレビに出演するごっこ遊びを楽しみます。

育つ姿

- 人前で話す経験が社会生活参加への第一歩になる。
- 感じたことや思ったことなどを言葉で伝える練習になる。

準備するもの

テレビの枠
ダンボールでつくったり、紙芝居枠を活用してもよいでしょう。

進め方

①

保育者

> こちら〇〇園テレビ局です。〇〇組のみなさんにテレビに出ていただきます！

保育者がテレビに出演しているかのように、テレビの枠から顔をのぞかせて話し、お手本をみせます。

ソーセージが好きです

目的別「すきま遊び」のレシピ 38　第2章

❷

保育者

> では、○○ちゃんに聞いてみます。
> ○○ちゃんの好きな食べ物は何ですか

> ソーセージです

子ども

一人ずつ子どもの名前を呼び、質問をしたら子どもにテレビの枠を渡し、顔をのぞかせて話すように促します。

❸

保育者

> ソーセージが好きなんですね。
> おいしいものね。
> では、次は○○くんに聞いてみましょう

出演していない子がいないように、保育者は時間配分などを考慮しましょう。

★ 工夫
「今日の給食のシチューはおいしかったですか？」のようにはじめは子どもが答えやすい短い質問から。慣れてきたら、「今日発見したこと」などのテーマで子どもが見たり感じたことを話してもらうとよいでしょう。

♥ 配慮
はじめは、恥ずかしさや緊張から人前でうまく話せない子どももいます。無理にはやらせません。子どもにインタビューして聞いた答えを保育者がかわりにテレビで発表し、参加した気分を味わわせてあげましょう。

作り方

テレビの枠の作り方

ダンボールなどを使い、画面の部分を切り抜いてテレビの枠をつくります。
小さめの箱に数字が書かれたシールを貼りつけてつくったリモコンを操作するまねをしたり、マイクを活用するとさらに盛り上がりますよ。

活動への気持ちを盛り上げる

コミュニケーションに役立つ

子どもを集中させる

ふれあいで心をつなぐ

気持ちを落ち着かせる

戸外活動のあいまを楽しむ

45

| コミュニケーション遊び | 乳児向け　幼児向け |

お返事ワンワン

名前を呼ばれて「はい」と返事をするかわりに、「ワンワン」「ニャーニャー」などと動物の鳴き声で答えて楽しみます。

育つ姿

- 呼ばれたら返事をするという社会生活における大切な習慣を、楽しみながら身につける。
- 言葉のやりとりによるコミュニケーションの楽しみを知る。

準備するもの

とくになし

進め方

1 今日はいぬの声でお返事してみよう

保育者

いぬやねこ、からすなど動物を指定し、その鳴き声で返事をするように言います。

❷

保育者

> △彦くん
> 〇美ちゃん

一人ずつ子どもの名前を呼び、返事を待ちます。

> ワンワン！

子どもA

> キャンキャン！

子どもB

配慮

すぐに楽しめる子どももいますが、苦手な子もいます。「先生と一緒にお返事しようか」など、一緒にやることから始めましょう。

工夫

鳴き声は子どもの体験に応じて、わかりやすい動物を提示しましょう。
乳児を対象とするときは、ねこは「ニャーニャー」、うしは「モーモー」、うまは「ヒヒーン」など、鳴き声をあらかじめ伝えましょう。

応用

このお返事なあに？

動物の鳴き声のほか、消防車「ウーウー」や電車「ガタンゴトン」など乗り物の音、風「ピューピュー」や雨「ザーザー」など自然の音……。子どもが自分の好きな音を出して返事をします。その姿になりきって返事をするとさらに盛り上がりますね。
子どもの発想をみんなで楽しみましょう。

コミュニケーション遊び　　乳児向け　幼児向け

インタビューごっこ

マイクを用意し、人の話を聞く側、答える側の立場を明確にしながら言葉のやりとりを楽しみます。

育つ姿

言葉　感性と表現

- 質問の意図をくみ、それに合わせて自分が話したいことを伝える力が育つ。
- 自分の思いを話す経験を積むことで、表現する楽しさや意欲が高まる。

準備するもの

マイク

本物のマイクや、おもちゃのマイクがあればそれを利用します。なければ、ラップの芯などを利用して簡単でいいので手作りのマイクを用意しましょう。

※本物のマイクの場合、電源を入れる必要はありません。

音楽

進め方

1 輪になってマイクをまわそう

保育者

輪になり、音楽に合わせてマイクを隣へ渡していきます。

48

第2章 目的別「すきま遊び」のレシピ38

保育者

❷ 音楽が止まったときにマイクを持っている子が質問する人だよ

音楽が止まったら、その時点でマイクを持っている子どもがインタビュアーです。

保育者

❸ 右にいるお友だちに質問をしてみよう

朝ごはんは何を食べましたか

子どもA

パンと卵と牛乳です

子どもB

マイクを持っている子どもが右隣の子どもに、自分で考えた質問をします。
子どもが答えたら、また音楽をかけて❶〜❸をくり返します。

工夫
慣れないうちは「お名前は？」「好きな食べ物は？」などと質問内容を事前に決めておくとよいでしょう。
ほかにも、「好きな色は？」「いま好きな遊びは？」「ママのお名前は？」など、子どもが答えやすい質問を用意しておきます。

工夫
あらかじめグループ分けをし、今日の当番がそのグループの子ども全員にインタビューする方法もあります。どのグループがインタビューされるかを伝えれば、子どもは気持ちの準備ができますね。

配慮
みんなの前で答えるのが難しい様子なら、保育者がそばについて、「〇〇ちゃんの答えを聞かせてね」などとやさしく声をかけましょう。人前で話すのが嫌いにならないように、子どもの様子に合わせて対応します。

活動への気持ちを盛り上げる | **コミュニケーションに役立つ** | 子どもを集中させる | ふれあいで心をつなぐ | 気持ちを落ち着かせる | 戸外活動のあいまを楽しむ

コミュニケーション遊び

言葉つなぎ

ひとつの言葉から思いついた言葉を言っていく遊びです。言葉がつながっていくおもしろさが味わえます。

育つ姿

- 思考力
- 言葉
- 感性と表現

◎ ひとつの言葉からつながりのある言葉を考える力や、たくさんの言葉を聞くことで語彙力が高まる。
◎ 思ったこと、感じたことを言葉で表現できるようになる。

準備するもの
とくになし

進め方

1 赤いはリンゴ、リンゴは丸い

保育者

保育者が何かひとつの言葉を言い、そこから連想されるものをつなげてみせます。

50

目的別「すきま遊び」のレシピ38　第2章

❷ 丸いは？

保育者

子どもに連想するものを聞きます。

ボール！

子どもA

❸ そう、ボールは？

保育者

はねる！

子どもB

くり返して遊び、要領がつかめたところで、子どもだけで言葉をつなげていくようにします。

配慮
子どもの言葉を引き出せるように支援・援助します。一人ひとりに語りかけるように、ゆっくりとていねいに言葉をかけましょう。
「すきま遊び」だからといって、かけあしで進めては子どもが楽しめません。「早く答えを言ってね」などの言葉をかけるのもNGです。

配慮
言葉が思いつかない子どもには、保育者がヒントを出すなどして、全員が楽しめるようにしましょう。

工夫
最初に言う言葉は子どもが大好きなものやよく知っているもの、保育室にあるものなどからにします。
保育者がリズムにのって、子どもが連想しやすい言葉をつなげてみせることがポイントです。

活動への気持ちを盛り上げる

コミュニケーションに役立つ

子どもを集中させる

ふれあいで心をつなぐ

気持ちを落ち着かせる

戸外活動のあいまを楽しむ

51

| コミュニケーション遊び | |

うしろの正面だあれ

おなじみの伝承遊び「かごめかごめ」をアレンジ。ヒントで「うしろの正面」にいるのが誰なのかを当てます。ヒントを考えて言葉にするのが楽しい遊びです。

育つ姿

社会性　言葉

◎ 友だちそれぞれの特徴を理解することで、いろいろな人とかかわる力を身につける。
◎ 友だちの特徴を言葉にすることで、語彙力が高まる。

準備するもの
とくになし

進め方

1

保育者：♪か〜ごめ　かごめ

「かごめかごめ」で遊びます。

だれかな？
女の子だよ！
髪にリボンつけているよ

52

目的別「すきま遊び」のレシピ 38　第2章

❷

保育者

♪うしろの正面だーれ
みんな、ヒントを教えよう

おにの真うしろにいる子どもが誰かをわかるように、ヒントをおにに伝えます。

> 赤い服を着ているよ
> 子どもA

> 髪にリボンをつけているよ
> 子どもB

> ○○ちゃんだ！
> 子どもC

❸
あたり！

保育者

配慮

ヒントを出すときは、その子どもがいやがる言葉（例えば、「太っている」「泣き虫」など）は言わないように注意します。あらかじめ「自分が言われていやなことは言わないようにね」と話しておきましょう。

工夫

おにの子どもが考えている間に、「♪だーれかな　だーれかな」とみんなで歌をうたってもいいですね。答えを急かさない雰囲気づくりをしましょう。

基本

「かごめかごめ」の遊び方

進め方

1. おにを決める。
2. おには目を閉じて真ん中にしゃがみ、ほかの子どもは手をつないでおにのまわりを囲む。
3. 「かごめかごめ」の歌に合わせて、おにのまわりを回る。
4. 「♪うしろの正面だーれ」のところで止まり、その場にしゃがむ。
5. おには目を閉じたまま、自分の真うしろの人が誰なのかを当てる。

活動への気持ちを盛り上げる

コミュニケーションに役立つ

子どもを集中させる

ふれあいで心をつなぐ

気持ちを落ち着かせる

戸外活動のあいまを楽しむ

集中遊び

言葉あてゲーム

保育者は音声を出さずに口の動きだけで言葉を伝え、子どもたちがその言葉を読み取る遊びです。

育つ姿

◎ 言葉を用いて遊ぶことで、言葉への関心を高め、語彙を豊かにしていく。
◎ 相手の伝えようとすることを静かに、集中して聞く練習になる。

準備するもの

とくになし

進め方

①

> 先生の口をよく見て、何の言葉を言っているか当ててね
> と・け・い
> と・け・い

保育者

保育者は声を出さずに口の動きだけで伝えます。1回ではわかりづらいため、2回言いましょう。

第2章 目的別「すきま遊び」のレシピ38

保育者
❷ この部屋にある、
時間を教えてくれるものだよ。
わかるかな？

子どもがわからない様子だったら、ヒントを声に出して伝えます。

子ども
とけい！

保育者
❸ じゃあ、次は今日の給食のメニューを言うよ

保育者
❹ カ・レー・ラ・イ・ス
カ・レー・ラ・イ・ス

口の動きだけで伝え、子どもが当てます。

工夫
大げさなほど大きく口を動かさないと、子どもは言葉を読み取れません。表情豊かに楽しみましょう。

工夫
保育室の中にあるものや、食べ物の名前、動物の名前など、あらかじめ言葉の範囲を決めておくと当てやすいでしょう。ピアノなど子どもが過ごす保育室の中にあるものや、いつも遊んでいるすべり台やぶらんこなどから始めます。

配慮
保育者から離れたところにいる子どもは集中力が持続しにくいものです。ときどき保育者が立ち位置を変え、どの子どもも近くで保育者の口の動きを見られるように工夫しましょう。

子どもを集中させる

| 集中遊び | | 幼児向け |

伝言ゲーム

列の先頭の子どもから順々に「伝言」を伝え、正しく伝えられたかどうかをチームで競い合う遊びです。友だちの耳もとに小さい声でささやくワクワク感も楽しみましょう。

育つ姿

協同性　言葉

- ◎ 友だちと協力してやり遂げられるように、自分の役割を果たそうとする。
- ◎ 人の話を注意深く聞く力が育つ。
- ◎ 内容を理解したうえで人に伝える練習になる。

準備するもの

とくになし

進め方

①

保育者

> これから伝言ゲームをするよ。
> 前のお友だちが話した言葉をうしろのお友だちに伝えてね。
> 誰にも聞こえないように、小さな声で伝えるんだよ

子どもを5〜6人程度のチームに分け、それぞれ列を作ります。そして、子どもにわかるようにルールを説明します。

先頭の子ども

目的別「すきま遊び」のレシピ 38　第2章

② 先頭の子は先生のところに伝言を聞きに来てね

保育者

列の先頭の子どもを集めます。

③ 保育園の隣のおばあちゃんに
かきを3つあげました

保育者

列の先頭の子どもたちに「伝言」を小さな声で伝えます。

④ 先頭の人はうしろのお友だちに伝言を伝えるよ。
ゲームスタート！

保育者

伝言を聞いた子どもはうしろの子どもに同じ言葉を伝えます。

子ども 子ども 子ども 子ども

⑤ 列の最後のお友だちに聞いてみるよ。
なんて伝わってきたかな？

保育者

保育園のお隣さんにかきをあげました。

子ども

⑥ あれあれ？　ちょっとおかしいなあ

保育者

どの列の「伝言」が合っていたかな？　競い合って楽しみます。

工夫

伝言の内容は簡単なものからはじめます。
最初は2キーワードくらいの短い伝言にし、少しずつステップをあげましょう。
例：
step 1
「今日の給食はハンバーグ」
step 2
「今日の給食はハンバーグとプリンのデザートつき」
step 3
「今日の給食はハンバーグとプリンのデザートに、みかんまでついてるよ！」

配慮

列の人数が多いほど、また、伝言する言葉が長いほど難易度が高まります。子どもの様子によって調整します。

指導

正しく「伝言」することがいかに難しいかに気づかせることも大切です。

57

| 集中遊び | |

目を閉じて片足立ち

目を閉じて片足で立ち、立っていられる長さを競い合って遊びます。

育つ姿

- 片足立ちのバランスを保つことで、体幹が鍛えられ、健康な身体づくりに役立つ。
- 数を数えながら片足立ちをすることで、数唱ができるようになる。

準備するもの
とくになし

進め方

①
片足で立ってみよう。
立てるかな？

まずは片足立ちの練習をします。

58

目的別「すきま遊び」のレシピ 38　第2章

保育者

❷ では、目を閉じて

片足立ちのまま、目を閉じます。

保育者

❸ 何秒立てるかな。数えるよ　1、2、3…

保育者と子どもたちで声を揃えて数を数えます。ふらついて足をついてしまった子どもはその場で座ります。

工夫
目を閉じて片足立ちをするのが難しい場合は、目を開けたままで片足立ちをします。

配慮
片足立ちは急にやってもできないものです。最初は片足立ちの練習をしましょう。安全に配慮しながら、くり返しおこない、片足立ちができるようになるのを楽しみます。できない子どもを叱るのはNGです。

指導
手を少し広げるとバランスが取りやすいことを伝えます。

応用

リズムにのって片足立ち

「1、2、3…」をわざと早く数えたり、ゆっくり数えたりなど、数え方に変化をつけても楽しいですね。
途中で「左足あげて、次右手上げて！」「目を開けて、次は左目だけ閉じて！」など動きの変化を伝えても。対象年齢や個人差に配慮し、一人ひとりの日常生活の様子をよく観察して対応しましょう。

| 集中遊び | |

顔じゃんけん

手だけでなく顔や足、身体全体を使ってじゃんけんをします。勝ち抜き戦にしたり、早いテンポでじゃんけんをくり返すのも楽しいですね。

育つ姿

- 負けてくやしい気持ちでも、その気持ちを自分で落ち着かせたり、勝ち負けではなく友だちと遊ぶ楽しさに気づく機会になる。
- 顔でじゃんけんの形を表すことで表現力が身につく。

準備するもの

とくになし

進め方

1

顔じゃんけんのルールは、グーは口を閉じてほおをふくらませる。
チョキは舌をだす。
パーを大きく口を開ける

子どもを全員立たせ、ルールを説明します。

目的別「すきま遊び」のレシピ38　第2章

保育者

❷ 隣のお友だちと顔じゃんけんしよう。
♪お顔でじゃんけん・じゃんけんぽん！

保育者がリズムにのせてかけ声をかけ、隣の子どもと顔じゃんけんをします。

保育者

❸ 勝った子は立っていてね。
負けた子は座ってね

保育者

❹ 立っている子はもう一度、
お友だちを見つけて、
♪お顔でじゃんけん・じゃんけんぽん！

❷〜❹をくり返し、最後まで立っていた子どもが勝ちです。

指導
顔の表情をつくるときは、できるだけ大きくほおをふくらませる、大きく口を開くなどをしないと、「グー」「チョキ」「パー」が相手に伝わりにくいことを知らせます。

工夫
ここにあげた顔の表情だけでなく、「グーはどういう顔にする？」などと子どもたちに聞き、みんなで話し合って決めてもよいでしょう。

応用

足じゃんけん、身体じゃんけんを楽しもう

じゃんけんを足や身体全体を使って遊ぶこともできます。身体を動かすことで、健康な身体づくりに役立ちます。

やり方

足の形でじゃんけん
グーは足を閉じる、チョキは足を前後に開く、パーは足を横に開きます。

身体を使ったじゃんけん
グーは両手を頭の上に乗せる、チョキは腕を組む、パーは手足を大きく開くなど、ポーズをみんなで話し合って決めるのも楽しいですね。

61

集中遊び

なんのおにぎり？

軍手を丸めて作った「おにぎり」を使って、食材への興味・関心を高めます。
コロンとした形のおにぎりを見るだけで子どもはワクワクします。

育つ姿

◎ 身近な食べ物がどのようにしてできているかを知ることで好奇心を育くむ。

準備するもの

軍手おにぎり

進め方

保育者

1 このおにぎりの具はなんだと思う？

軍手おにぎりのひとつを取り出し、子どもに見せます。

62

目的別「すきま遊び」のレシピ38　第2章

保育者

❷ **このおにぎりの具は赤くて丸いんだ。何かわかるかな？**

具のヒントを出し、質問します。

うめぼし！
子ども

指導
うめぼしやさけ、たまごやきなどが何からできているかを絵本や紙芝居などの教材、図鑑を使って説明するのもいいですね。子どもの興味・関心をさらに高めることができます。

ヒント
こんな具もあるよ
・こんぶ
・シーチキン
・納豆
・ウインナー
食育にもつながるので、いろいろな食材を考えましょう。

保育者

❸ **あたり！　答えはうめぼしでした。うめぼしは梅という木になった実を塩につけて作られるんだよ**

おにぎりののりをはがしてうめぼしを見せ、具の食材に関する話をする。

作り方

軍手おにぎりの作り方

【材料】
● 軍手（片方）　● のりや具に見立てるフェルト

【作り方】
❶ 軍手をひっくり返して、三角形のおにぎりの形に整えます。
❷ おにぎりの真ん中に具に見立てたフェルトを貼ります。（赤い丸はうめぼし、黄色い長方形はたまごやき、オレンジ色はさけなど）。
❸ のりに見立てた黒いフェルトを具材を隠すように上からかぶせ、おにぎりの裏側でテープで留めます。

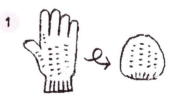

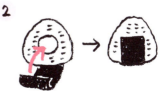

※すぐに遊べる「おにぎりカード」が付録（P118〜119）にあります。

| 集中遊び | 幼児向け |

お店やさん、あるある！

お店に売られているものを考え、言葉にして伝える遊びです。ものの仲間分けを瞬時に判断するおもしろさがあります。

育つ姿

- 社会性
- 思考力
- 言葉

◎ どのお店に何が売られているか、生活体験のなかから思い起こし、確認する作業を通して社会性が育つ。
◎ ものの名前を考えたり、聞いたりすることで、語彙が増える。

準備するもの

とくになし

進め方

①

 保育者

> パンやさんに行ったことあるかな？
> パンやさんには何が売られているかな？

パンやさん、八百やさん、魚やさんなど、子どもに身近なお店の名前を言い、そこで売っている商品を考えさせます。

❷ ♪パン、パン、パンやさんでお買い物

保育者

保育者は手拍子をしながら、好きな節をつけてうたいます。

❸ パンやさんには何がある？○○ちゃん

保育者

手拍子をしながら、子ども1人ずつに問いかけます。

> ジャムパン！ — 子どもA

> あるある！ — 子ども

> アンパン！ — 子どもB

> あるある！ — 子ども

> フライパン！ — 子どもC

> なーい！ない！ — 子ども

答えたものがパンやにあれば「あるある！」、ないものには「なーい！ない！」とみんなで声をかけます。

配慮
当たりはずれではなく、どんどん発言することを大切にします。間違えた答えでも否定せず、「パンやさんだよ。よく考えてみようね」「お友だちも一緒に考えようね、先生も考えるね」とみんなで応援します。

工夫
最近は商店街が少なくなり、八百や、魚やなどのお店を知らない子もいます。
スーパーの「野菜コーナー」「魚コーナー」という呼び方で言葉遊びをしてもいいですね。遊びから食育につながります。

ヒント
「お店やさん、あるある！」以外にも
「大きい動物」「小さい動物」なども楽しいですね。
例：「♪お・お・大きい動物何がいるかな？」
「ぞうさん　あるある！」
「かばさん　あるある！」
「ありさん　なーい！ない！」

| 集中遊び | |

勝負！タオル取り

2人組で向かい合い、合図のあと手のひらにのせたタオルの取りっこ。取りっこするときは真剣そのもの。集中力や反射神経を高めます。

育つ姿

心と体　道徳性

◎ 自分のイメージに合わせて、身体をコントロールする練習になる。

◎ ルールを守ったり、思い通りにならず負けても、気持ちを切り替えたりコントロールする経験を積む。

準備するもの

タオル

進め方

1

このタオル取れるかな？
1、2、3！

保育者

保育者の手のひらにタオルをのせ、子どもと向き合います。「1、2、3！」のかけ声のあとにタオルを取るルールを説明します。タオルをのせているほうは、取られないようにタイミングよくタオルを握ります。

❷ 2人ずつで向き合って、やってみよう
勝負！
1・2・3！

保育者

2人組で向かい合い、1人がタオルを手のひらにのせ、かけ声のあとにタオルの取りっこをします。

❸ さあ交替しよう

保育者

次は交替して、❷と同じようにやります。

配慮
反射神経は個人差が大きいです。あまり差があると、タオルを取られ続ける子どもは遊びをいやがったりします。保育者がさりげなく組み合わせを誘導しましょう。

工夫
はじめはタオルを両手にのせて取りっこをしてもOK。両手のほうがタオルを安定してのせられます。

工夫
タオルだけでなく、ひもやリボン、ナイロンテープなどに変えて遊ぶのも楽しいです。ナイロンテープはすべりやすく取りにくいため、上級者向けです。
ひもやリボンの長さを変えておこなってもいいですね。

集中遊び

先生が言いました

「先生が言いました」と言ったときだけ、そのあとに保育者が話した内容を「お約束」として守らなければなりません。ゲームなので楽しい約束がいいですね。

育つ姿

- 人の話を注意して聞くことができるようになる。
- ルールを守ることと自分の気持ちに折り合いをつけることを学ぶ。

準備するもの

とくになし

進め方

1

「先生が言いました」のあとに続くことはお約束なので守ってね。

「先生が言いました」とつけずに言ったお約束のときは動きません

保育者

保育者がルールを説明します。

目的別「すきま遊び」のレシピ38　第2章

保育者

❷
「先生が言いました」
静かに歩いて一列に並びましょう。
並びましょう

並ぶように2回促します。
ゲームに慣れるまでは簡単な動作を
約束にしましょう。

保育者

❸
お友だちと2人で手をつないでこちら
に来てください

「先生が言いました」をつけずに話します。こ
のときは子どもは動きません。

保育者

❹
「先生が言いました」
お友だちと2人で手をつないで
こちらに来てください。
来てください

活動の導入などに実践すると子どもは集中して
聞き、落ち着いて行動することができます。

配慮
約束通りにできなかった子どもには「よく聞いてね」と言葉をかけ、できなかったことを責めたりしません。

工夫
「まちこ先生が言いました」のように、"先生"の前に保育者の名前を入れてもいいですね。子どもにとって、わかりやすく、親しみがもてます。

工夫
「静かに歩いて一列に並びましょう。並びましょう」のように、ポイントになる言葉を2回くり返します。
先生の普通の話にならないように、リズムにのりながら、明るく楽しい雰囲気で進行します。

活動への気持ちを盛り上げる

コミュニケーションに役立つ

子どもを集中させる

ふれあいで心をつなぐ

気持ちを落ち着かせる

戸外活動のあいまを楽しむ

| ふれあい遊び |  |

エレベーターで「何階ですか？」

保育者や子ども同士で手をつなぎ、エレベーターごっこ。乗ったつもりで行きたい階数分だけ、弾みをつけて連続ジャンプ！

育つ姿

- くり返しジャンプをすることで、身体を鍛える。
- 階数とジャンプの回数を一致させることで、数に関する感覚が身につく。

準備するもの

とくになし

進め方

1

「エレベーターに乗りたい人は来てください！」

保育者

保育者が子どもを呼び集めます。

第2章 目的別「すきま遊び」のレシピ38

❷ 何階に行こうか？

集まった人全員で手をつなぎ、子どもに行きたい階数を聞きます。

> 5階！ 〈子ども〉

❸ さあ、いくよ！ 1、2、3、4、5！

リクエストの階数分だけジャンプします。みんなでしゃがみ、その反動で大きく5回ジャンプ！

配慮
ジャンプ力のない子どもは、保育者が子どもの両脇を支えてジャンプさせるとよいでしょう。

工夫
「エレベーターで上の階まできたから、これから走って降ります！」と、みんなでその場でバタバタと足ぶみをするのも楽しいですよ。

応用

「順番を待つ」「決まりを守る」練習も

「このエレベーターは3人乗りだよ」などと人数を制限し、乗れなかった子どもは「次のエレベーターをお待ちください」と言って待つようにします。順番や決まりを守る意識が育ちます。

進め方

1. **「エレベーターは3人乗りです。順番にお待ちください」**
   最初にエレベーターごっこをする子どもたちとジャンプします。

2. **「○階に着きました！お客さんは交代です」**
   次は待っていた子どもがエレベーターに乗り、行きたい階数分だけジャンプ！

| ふれあい遊び |  |

新聞紙でおしくらまんじゅう

広げた新聞紙に何人乗れるかをグループで競って遊びます。「入れて」「いいよ」のやりとりが子どものコミュニケーション力を育てます。

育つ姿

- たくさんの人数を乗せるために工夫したり協力し合う経験を積む。
- 仲間に入れてほしいときのやりとりを経験することで、社会生活を送るうえでのルールを身につける。

準備するもの

新聞紙

進め方

1

保育者

「新聞紙を広げて、まず、1人乗ってね」

グループに1枚ずつ新聞紙を配り、床に広げます。新聞紙の上にグループの誰か1人が乗るように指示します。

❷ 入るときは「入れて」と言って、1人ずつ順番に乗ろうね

保育者

2番目に乗る子どもからは「入れて」と言い、新聞紙に乗っている子どもの「いいよ」の答えを聞いてから、順番に乗ります。

❸ 落ちないように友だちと身体を寄せ合ったりしてね

保育者

全員が乗れるように、手をつないだり肩を組むなど協力し合うことを教えます。

配慮
全員が乗れるようにチームの人数をあらかじめ調整しましょう。ぎりぎり乗れる程度の人数が最適です。

工夫
いつもの友だちばかりでなく、普段交流の少ない友だちともふれあえるように、保育者がグループづくりを工夫するなど支援しましょう。

応用

人数を数えよう

1枚の新聞紙に何人乗れたかを数え、2枚つなげたら何人乗れるかを予想してみます。反対に新聞紙を半分に折ったり、さらには4分の1ではどうなるかもやってみましょう。
人数を数える過程で数に対する興味・関心も高まります。

| ふれあい遊び | 幼児向け |

いすをどうぞ

みんなで仲よく座るいす取りゲームです。いすの数は足りなくても、ひとつのいすに一緒に座って仲よし度を深めましょう。

育つ姿

- 友だちと一緒に座るにはどうしたらいいかを考えたり工夫したりできるようになる。
- 自分の気持ちに折り合いをつけて友だちに譲る経験を通して、思いやりの気持ちを育てる。

準備するもの

いす
音楽または笛

進め方

1 音楽に合わせていすのまわりを歩こうね

保育者

いすを子どもの人数分より1つ減らし、外向きにして丸く並べます。そのまわりを音楽やリズムに合わせて歩きます。

第2章 目的別「すきま遊び」のレシピ38

保育者

❷ 音楽が止まったら、いすに座ってね

いすに座れない友だちがいたら声をかけ、1つのいすに2人で座るように促します。

保育者

❸ いすを少し減らすよ。
いすに座れなかったお友だちも
一緒に座れるようにしようね

いすの数を減らし、同じようにくり返します。座れない子どもが増えても、いすに半分ずつやひざの上に座るなど、全員が座れるように工夫します。

配慮

友だちと一緒に座るのをいやがる子がいても、無理に一緒に座らせたり、注意するのはやめましょう。

ただし、なかには、いすを半分譲れば友だちも座れるということに気づかない子どももいます。保育者が「〇〇ちゃんが座るところがないんだって。一緒に座らせてあげようね。どうぞって先生と一緒に言ってみよう」と促しましょう。思いやりや譲り合いの気持ちを遊びを通して伝えたいですね。

応用

いろいろないすがあるよ

遊びに使用するいすを子どもたちで探して用意するのも楽しいです。

子ども用のいすだけでなく、ベンチやピアノのいす、ウレタンブロックをいすに見立ててもいいですね。保育者は安全性に配慮しながら、どのようなものだったら座ることができるか一緒に話し合いながら探しましょう。

その際、「机は座ったらだめだよね」と伝えれば、道徳性を育てることにもなりますね。

これも座れそうだね

| ふれあい遊び | 乳児向け 幼児向け |

なにが焼けたかな

伝承遊びの「おせんべやけたかな」をアレンジし、子どもたちの好きな食材を焼いて食べましょう。何を焼くかを話し合う楽しさや、保育者や友だち同士でのスキンシップが図れます。

育つ姿

- 心と体
- 感性と表現

◎ 肩を寄せ合うことで友だちとの親密感を感じたり、手と手のふれあいで気持ちが落ち着きます。
◎ 焼くものを考えたり、焼いてる様子を表現したりして、表現する楽しさを味わう。

準備するもの
とくになし

進め方

1 保育者：まあるく座って、両手を広げてね

おいもやけたかな

76

目的別「すきま遊び」のレシピ38　第2章

❷ 今からみんなで何かを焼いて食べたいんだけど、何がいいかな

保育者

おいも！

子ども

「おせんべ」の代わりに何を焼いて食べるかを子どもが決めます。
乳児は伝承遊びの「おせんべ」でやるとよいでしょう。

❸ お・い・も・や・け・た・か・な？

保育者

声に合わせて、一人ひとりの顔を見ながら、子どもの手にやさしく触れます。

❹ ○○ちゃんのおいも焼けたよ。おいしく焼けたかな？

保育者

最後の「な」に当たった子どもに楽しく言葉かけをします。

工夫
「おいもやけたかな」のあとに、おいもが焼けるときの音をみんなで声に出してみましょう。
どんな音がするかをみんなで考え話し合う機会や、さまざまな表現を知るきっかけにもなります。

ヒント
こんな食べ物を焼いても楽しいですね
- もち
- クッキー
- ホットケーキ
- クロワッサン
- ミックスピザ
- たまごやき
- 大きな焼き魚
- ステーキ
- たこ焼き
- 焼きそば

活動への気持ちを盛り上げる

コミュニケーションに役立つ

子どもを集中させる

ふれあいで心をつなぐ

気持ちを落ち着かせる

戸外活動のあいまを楽しむ

77

| ふれあい遊び | |

なべなべ そこぬけ ジャンプ！

わらべうたは口ずさみやすく、子どもがすぐに覚えます。少しアレンジして、スキンシップを図ったり、身体を動かしたりしましょう。

育つ姿

◎ 友だちとのふれあいを通して、同じ動きをする楽しさや達成感を味わう。

準備するもの
とくになし

進め方

1

保育者

「お友だちと向かい合って、手をつないでね。大きな声で一緒に歌ってね」

友だちと2人組になり向かい合うようにします。

78

目的別「すきま遊び」のレシピ38　第2章

保育者

❷
♪なべ　なべ　そこぬけ

歌に合わせて手をつないで横に振るように促します。

保育者

❸
♪そーこが　ぬけたら……
はい！ジャンプ！

歌の終わりに手をつないでいる2人でジャンプします。

保育者

❹
♪なべ　なべ　そこぬけ
そーこが　ぬけたら……
はい！　ジャンプ！

❷❸をくり返します。

配慮
発達年齢によってできる動作が異なります。子どもの様子をよく観察し、アレンジしましょう。

ヒント
ジャンプも「2回ジャンプ」「ジャンプしながら右に移動」などバリエーションをつけると楽しめます。

工夫
子どもの状態に合わせて「ジャンプ」を違う動作にするのもいいですね。落ち着かせたいときは「座りましょ」「眠りましょ」、気持ちを盛り上げたいときは「笑いましょ」などアレンジしましょう。

工夫
歌はリズムにのりながら大きな声ではっきりとうたいます。子どもが声を出して表現する練習にもなります。
明るく楽しい雰囲気になるようにしましょう。

活動への気持ちを盛り上げる

コミュニケーションに役立つ

子どもを集中させる

ふれあいで心をつなぐ

気持ちを落ち着かせる

戸外活動のあいまを楽しむ

79

| 落ち着き遊び | 乳児向け 幼児向け |

まねっこ遊び トントンパ！

「トントンパ」の「パ」で、保育者のまねをして自分や友だちの身体にタッチ。手のぬくもりやスキンシップが子どもの気持ちを落ち着かせます。

育つ姿

協同性　道徳性

- スキンシップを通して、友だちに親しみをもち、思いを共有したり協力したりする。
- 保育者の動きを見てまねをすることで、ルールどおりに行動できるようになる。

準備するもの

とくになし

進め方

1

保育者

先生を見ててね。
トントンパ！

「トントンパ」と言いながら、はじめの2拍子は手拍子で、3拍子目の「パ」で保育者が自分のほおや肩などに軽くタッチして、手本をみせます。

目的別「すきま遊び」のレシピ38　第2章

保育者

❷ 先生のまねをして同じところをタッチしてね。
トントンパ！

「パ」で保育者がタッチした場所を、子どもも自分の身体にタッチ。

保育者

❸ 次は隣のお友だちとやってみよう

子どもを2人ずつ向かい合わせにします。

保育者

❹ 先生がタッチした場所を、友だちの同じところにタッチしてね。
トントンパ！

保育者の動きをまねて、子どもは向き合った友だちと互いにタッチします。

★ 指導
相手が痛くないようにやさしくタッチすることを伝えておきましょう。

★ 工夫
「大きくトントンパ」「小さくトントンパ」など声や手拍子の大きさを変えてみましょう。

★ 工夫
「トントンパ！」のあとに「肩」などと声に出して伝えると、身体の部位の名前と場所を学ぶきっかけにもなります。

★ 工夫
4・5歳児はみんなの前で先生役をする"まねっこリーダー"を取り入れて遊んでもいいですね。特に5歳児は、就学前教育として人前で発表する練習になります。

活動への気持ちを盛り上げる

コミュニケーションに役立つ

子どもを集中させる

ふれあいで心をつなぐ

気持ちを落ち着かせる

戸外活動のあいまを楽しむ

81

| 落ち着き遊び | 乳児向け 幼児向け |

耳をすましてみよう

目を閉じて静かに耳をすませ、身近な音を聞きます。普段は意識しなかった音が聞こえ、新しい発見があるかもしれません。

育つ姿

思考力　自然　感性と表現

◎ 聞き取った音を「何の音だろう」と考えたり、保育者や友だちに伝えるなかで表現力が高まる。
◎ 自然界のいろいろな音に気づいたり、感動したりする経験を通して、自然に興味・関心をもつ。

準備するもの

とくになし

進め方

1

> 目をつむって、
> 耳をすませてね。
> どんな音が聞こえて
> くるかな。
> あとで教えてね

保育者

子どもたちに目をつむり、耳をすませて音を聞くように伝えます。

❷ 静かに静かに……。いろいろな音が聞こえるよ

保育者

声をあげたり動いたりする子どもには、静かに音を聞いてみるように伝えます。

❸ さあ、目を開けて。どんな音が聞こえたかな。みんなに教えてね

保育者

車の音、風の音、心臓の音など、聞こえた音を発表してもらいます。

配慮
乳児には保育者の語りかけが重要になります。「風の音がしたね」「葉っぱの落ちる音かな」と、子どもの想像をふくらませていきましょう。
心のとびらが開き、豊かな感性が育まれます。

工夫
保育者がコツコツと壁を叩いたり、紙をクシャクシャと丸めたり、「こんこん」とせきをしたりして音を聞かせ、何の音が聞こえたかを当てるのも楽しいです。

応用

床に寝転がって耳をすましてみよう

時と場所にもよりますが、寝転がって静かに耳をすませる時間を設けてもいいですね。子どもの気持ちを落ち着かせるのに効果的です。
可能な場合は、園庭や公園の芝生の上に寝転がり、空を見るのもいいですね。「気持ちいいね」といった保育者の一言で子どもの気持ちが落ち着き、晴ればれとした気分になります。

| 落ち着き遊び | 乳児向け 幼児向け |

ピッと座ろう!!

「音楽が鳴っている間は自由に楽しく動く」「音楽が止まったら座って静かにする」この2つの約束を守って遊びます。

育つ姿

心と体　道徳性

- 身体を動かしたり、動きを止めたりなどの動作を素早くおこなうことで、自分の身体をコントロールする力が育つ。
- 約束を守って行動することができるようになる。

準備するもの

音楽

進め方

1

保育者

> 音楽が鳴っている間は
> 自由に動いてね。
> 音楽が止まったら、
> その場でピッと座りましょう

子どもと約束をしたうえで、保育者が音楽を流します。

自由に動いてね

シーン
ピッ ピッ ピッ ピッ

音楽止まったね。いすに座ろうね。

❷ あ、音楽が止まった！

保育者

音楽が止まったところで、子どもに座るように促します。

❸ 誰か動いている人はいないかな？

保育者

座ったら、できるだけ動かずにじっとするように伝えます。全員が静かに座れたら、また音楽を流します。

工夫
子どもの大好きな曲を用意し、楽しく遊べるようにします。

配慮
音楽が止まったあとに座るのが難しい様子の子どもには、保育者がそばに行き、「音楽が止まったから座ろうね」と目を見て静かにやさしく話します。決して大声で注意したりしません。くり返して、慣れることが大切です。

ピアノに合わせてピッ！

進め方は同じです。
音楽を CD などではなく保育者がピアノを弾き、そのメロディに合わせて身体を動かします。「元気な音楽のときは大きく手足を動かす」「静かな音楽のときは小さく身体を動かす」など、メロディを身体で表現することを加えてみましょう。
保育者はアップテンポな曲、スローな曲などメリハリをつけて弾きます。

落ち着き遊び

えかきうた

簡単な歌に合わせ、知っている文字や数字などを組み合わせて絵を描きます。
どんな絵ができあがるかワクワクしますね。

育つ姿

思考力　数量や文字

◎ 遊びながら描くことで、文字の形などに新たな発見をしたり、数字や文字にさらに興味・関心をもつ。
◎ 形を組み合わせると違う形になることに気づき、どのような組み合わせができるか思いをめぐらす。

準備するもの

紙（B4判くらいの大きさ）
クレヨンやペン、鉛筆

進め方

1

保育者

「先生の歌に合わせて、数字や形を描いてね。
動物さんがあらわれるよ。
紙と鉛筆はあるかな？」

えかきうたをはじめることを伝えます。

86

❷

歌詞	絵
♪にいさんが	
♪さんえんもらって	
♪まめかって	
♪おくちをとんがらして	
♪あひるの子	
♪がぁがぁ！	

保育者

保育者がリズムを口ずさみ、紙に描きながら手本を見せます。子どもはそれを見てまねをします。

配慮
歌のリズムやテンポに合わせて描くのは、最初は難しいと感じる子どもが多いものです。慣れるまでは少人数で会話をはさみながらおこないます。また、一度にたくさんの種類を進めず、様子を見ながら対応します。

工夫
えかきうたはたくさんの種類があります。子どもの興味に合ったものや難易度に考慮して取り入れましょう。

● タヌキ ●

① さんちゃんが　② さんぽして　③ さんえんもらって　④ まめかって

⑤ おくちをとんがらして　⑥ ぼくタヌキ　⑦ ポコポン！

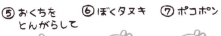

● タコ ●

① ミミズがさんびきよってきて（はってきて）　② たまごをみっつかいました（おせんべさんまいたべました）　③ あめがざあざあふってきて

④ あられもぽつぽつふってきて　⑤ あっというまにタコにゅうどう

● カッパ ●

① ぼうがいっぽんあったとさ　② はっぱかな　③ はっぱじゃないよカエルだよ　④ カエルじゃないよアヒルだよ　⑤ アヒルじゃないよカッパだよ

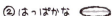

| 戸外遊び | 幼児向け |

あいさつリレーはじまるよ！

「おはよう」「こんにちは」「こんばんは」のあいさつを順番にうしろの人に伝えていきます。順番を間違えないように伝えるのが意外に難しい遊びです。

育つ姿

- あいさつの言葉に親しむことで、日常でもあいさつができるようになる。
- あいさつの言葉を交わすことの心地よさを知る。

準備するもの

とくになし

進め方

①

> 朝のあいさつは「おはよう」、昼のあいさつは「こんにちは」、夜のあいさつは「こんばんは」だよね。
>
> その順番であいさつをつないでいくよ

保育者

子どもは一列に並びます。

目的別「すきま遊び」のレシピ 38　第2章

❷

保育者

「前の人が「おはよう」と言ったら、
「おはよう」と答えようね。
うしろの人には「こんにちは」とつなげるよ」

前の子どもが「おはよう」と言ったら、うしろの子どもも「おはよう」と答えます。そのうしろの子どもにはおはようの次の「こんにちは」を言い、あいさつをつなげていきます。

子どもA：おはよう
子どもB：おはよう。こんにちは
子どもC：こんにちは。こんばんは
子どもD：こんばんは。おはよう

指導
前の子どもが何とあいさつしているのか聞こえるように、大きな声であいさつをすることをあらかじめ伝えましょう。

工夫
遊びに慣れてきたら、おじぎをしながらあいさつをするようにしてもいいですね。

ヒント
「ありがとう」「ごめんなさい」「貸して」「どうぞ」など、いろいろなあいさつの言葉でやってみましょう。
遊びを通して社会性を身につけることができます。

 応用

「はい、どうぞ」「ありがとう」リレー

ぬいぐるみやボールを用意し、「はい、どうぞ」「ありがとう」のやりとりでつなぎます。
ものを渡す、受け取るときの礼儀を遊びを通して自然と身につけることができます。

89

| 戸外遊び | 幼児向け |

だるまさんが踊った？

おなじみの「だるまさんが転んだ」をちょっとアレンジ。「だるまさんが転んだ」を「踊った」「うたった」「座った」などと好きな言葉に言い換えて、その動作をする遊びです。

育つ姿

- おにの決めた動作を素早くすることで、身体の動きをコントロールする感覚が育つ。
- 「踊った」「うたった」などの動作の内容を自分で考えて表現する機会になる。

準備するもの

とくになし

進め方

1

保育者

> だるまさんが転んだ、という遊びは知っているよね。
> 今日は「転んだ」じゃなくて、違う言葉で遊んでみよう

「だるまさんが転んだ」のルールを知っている子どもたちが対象。「転んだ」の部分を違う言葉に変えて遊ぶことを提案します。

90

目的別「すきま遊び」のレシピ38　第2章

❷ おにが「だるまさんが踊った」と言ったら踊るよ。さあ、おにさんはなんていうかな？

保育者

> だるまさんが踊った
> 　　　　　　　　子どもA

> だるまさんが座った
> 　　　　　　　　子どもA

> だるまさんが泣いた
> 　　　　　　　　子どもA

おに役の子どもの言った言葉どおりにみんなで動きます。

工夫
保育者がよいモデルとなって少し大げさに動きます。子どもがおもしろそう！　やってみたい！　という気持ちになるようにします。はじめておこなう遊びでは、子どもの興味性にとくに配慮しましょう。

ヒント
日常の生活でのさまざまな動作を言ってみることを提案しましょう。
例：絵本を読んだ、お風呂に入った、歯を磨いた、ごはんを食べたなど

配慮
おにの決め方は遊びの大事な導入ポイントです。いつも同じ子どもがおににならないように、状況によってはおにを決める話し合いに保育者が加わります。子どもたち全員が納得したうえで遊べるように配慮します。

活動への気持ちを盛り上げる｜コミュニケーションに役立つ｜子どもを集中させる｜ふれあいで心をつなぐ｜気持ちを落ち着かせる｜**戸外活動のあいまを楽しむ**

戸外遊び

おおかみさん、今何時？

おおかみとのやりとりの楽しさを味わいつつも、「今、12時！」の合図で一目散に逃げるスリリングさもある遊び。時計の要素を取り入れることで数への興味づけにも役立ちます。

育つ姿

- 友だちと言葉のやりとりをしたり、同じ動きをすることで、友だちと一緒に遊ぶことの楽しさを感じる。
- 数字を使ったルールを通して、数や時間への興味を高める。

準備するもの

とくになし

進め方

1 おおかみさん（おに役）を一人決めて、おおかみさん以外はスタートラインに並ぶよ

保育者

おおかみ役の子どもの立ち位置を決め、それ以外の子どもが並ぶスタートラインを決める。

❷

保育者:「おおかみさん、今何時?」と聞いて、おおかみさんが好きな時間を言ってね。

5時と言ったら、みんなは5歩進むよ。

おおかみさんが「今、12時!」と言ったら、みんなを捕まえにくるよ。
みんなは捕まらないように逃げようね

ルールを説明します。おおかみに捕まえられた子どもが次のおおかみ役になります。

配慮

逃げられずに固まっている子どもがいたら、保育者の「逃げろ〜!」などの楽しい言葉かけと同時に、手をつないで一緒に走るといいですね。

子どもA:おおかみさん、今何時?

子どもB:3時

子どもC:おおかみさん、今何時?

子どもB:今、12時!

子ども:逃げろ〜!

応用

老狼老狼（ローランローラン）今何時?

この遊びは世界各国でも遊ばれています。
中国であれば、おおかみさんは「老狼（ローラン）」と言います。
アメリカでは、
"What time is it, Mr.Wolf ?"
"It's 3 o'clock."
と進め、
"It's lunch time !"
で追いかけます。
多文化の遊びにふれる機会として外国の言葉で呼びかけるのも楽しいですね。

| 戸外遊び | |

赤・黄・青信号！

「赤信号！」のかけ声で動きを止める、「黄色信号」ではゆっくり進むなど、信号の色に合わせて身体を動かす遊びです。

育つ姿

◎ ルールを守る経験を積むことで、自分の気持ちを調整しながら行動できるようになる。

準備するもの

笛など音の出るもの

進め方

①

ピーピー（笛の音）は青信号。このときは早歩き！
ピッ（短い笛の音）は赤信号、止まれだよ。
黄色信号のかけ声はゆっくり進むよ

保育者

ルールを説明します。

目的別「すきま遊び」のレシピ 38　第2章

保育者

❷ ピーピー（笛の音）！
青信号だよ！

　子どもたちがいっせいに早歩きをします。

保育者

❸ ピッ（短い笛の音）
赤信号！
赤信号になったらどうするのかな？

　子どもたちの動きが止まったのを確認したら、また笛で青信号の合図をします。

工夫
4〜5歳児ならかけ声に英語の要素を加えてもいいですね。赤信号は「レッドストップ！」青信号は「グリーンライト！」黄信号は「イエローシグナル！」。いつもと違う言葉になると、集中して聞く練習にもなります。

工夫
合図は笛以外にも、ときにはタンバリンやすず、カスタネット、室内ならピアノや太鼓などを使ってもいいですね。笛とは違う響きは子どもへの刺激にもなります。

応用

赤信号でポーズ！

遊びに慣れてきたら、「赤信号」の合図で何かのポーズをして止まるとさらに楽しいです。
最初は保育者が止まるときのポーズを決め、遊びに慣れてきたらみんなで考えて決めてもいいですね。例えば、「ボール」「うさぎ」「山」などイメージしやすいものからやってみましょう。

| 戸外遊び | 乳児向け 幼児向け |

どんな音？ どんな形？

風の音やねこの鳴き声など聞いたもの、草木や虫など見たものを、声や身体の動きで表現する遊びです。

育つ姿

- 風や雨の音、植物や生き物などに興味をもつきっかけになる。
- 聞こえた音や見たものを自分なりに表現するのを楽しんだり、友だちの表現を見て学ぶ。

準備するもの

とくになし

進め方

1

保育者

> 風が吹いているね。
> みんなの耳にはなんて聞こえる？

風や雨の音、生き物の鳴き声、乗り物の音などが、どんなふうに聞こえるか声をかけます。

> ビューン、ビューン

子どもA

96

目的別「すきま遊び」のレシピ38　第2章

> ピュウピュウ
> 子どもB

保育者

❷ じゃあ、その音を身体で あらわしてみよう

聞こえた音を声や身体で表現します。

配慮
強く吹く風、やさしく吹くそよ風、つむじ風……。風にもいろいろな吹き方があります。それらの違いがわかるように、保育者は日ごろから風の音が聞こえたら、「今の風はビューって吹いていたね」など擬音語を交えながら伝えます。

配慮
友だちと同じ表現になってもかまわないことを伝え、安心して自分の思いをあらわせるようにします。

応用

どんな感じ？

手で触る感覚だけでどのような感じがするかを言いあらわす遊びです。状態を言葉で表現する練習になります。

進め方

1. 「袋の中身を触ってみよう」
   中身が見えない紙袋などの中に、野菜や果物、外であれば落ち葉や木の実などを1つずつ入れます。子どもが袋の中に手を入れ、触ります。

2. 「どんな感じがするかな？」
   形や手触りを質問し、言葉でみんなに伝えてもらいます。「やわらかい」「ごつごつしてる」など、子どもの言葉を上手に引き出せるように保育者は支援・援助しましょう。

活動への気持ちを盛り上げる
コミュニケーションに役立つ
子どもを集中させる
ふれあいで心をつなぐ
気持ちを落ち着かせる
戸外活動のあいまを楽しむ

97

`戸外遊び`

忍者に変身！

「ドロン！」の声かけで忍者に変身し、忍者をまねた身体の動きを楽しみます。

`育つ姿`

`心と体` `道徳性`

- イメージどおりに歩くことで、身体の動きをコントロールする練習になる。
- 静かにすべきところでは騒がないなど、その場に応じた態度を身につける練習になる。

`準備するもの`

とくになし

`進め方`

①

保育者：
忍者の修業がはじまるよ。
ぬき足、さし足、しのび足は静かに歩く。
氷！の合図で固まるよ

忍者のイメージや動きを伝えます。

第2章 目的別「すきま遊び」のレシピ38

保育者

❷ 今からみんなで忍者になろう！
ドロン！

指導
片足ずつ体重をのせてゆっくりと歩く「ぬき足、さし足、しのび足」は、子どもの体幹を鍛える効果もあります。

保育者

❸ ぬき足、さし足、しのび足！

工夫
子どもたちに静かに歩いてほしいとき、立ち止まってほしいときなどにこの遊びを取り入れるとよいでしょう。静かに歩く、ゆっくり動くとはどのようなことかを遊びを通して理解できます。

保育者

❹ 氷！

みんなで忍者に変身し、保育者のかけ声に合わせ、忍者の技をまねて楽しみます。

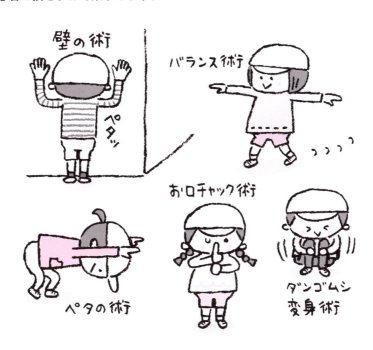

99

| 戸外遊び | 幼児向け |

なにに見えるかな

手の影だけで身近な動物などをつくります。影でできた動物でお話遊びをしても楽しいですね。

育つ姿

思考力　自然

- 自分の手でどのようなものができるかを考えたり、工夫することを楽しむ。
- 時間や日差しによって変化する影をきっかけに、自然の変化に興味をもったり、関心を高める。

準備するもの

とくになし

進め方

1

保育者

> 地面に映る先生の手の影を見てね。
> これから動物さんが登場するよ

保育者の手の影に注目するようにします。

100

目的別「すきま遊び」のレシピ38　第2章

❷ 何に見えるかな？

保育者

かに！

子ども

❸ 手を組み合わせるといろいろな動物ができるよ

保育者

子どもと一緒に手で影絵をつくります。

配慮
3歳児は手で動物をつくるより、まずは自分の身体の影で遊ぶことから始めます。身体を動かすと影が一緒に動くことを楽しみましょう。

配慮
どんな形ができても否定せずにすべてを認めましょう。思いをめぐらし表現する楽しさを感じられるようにします。

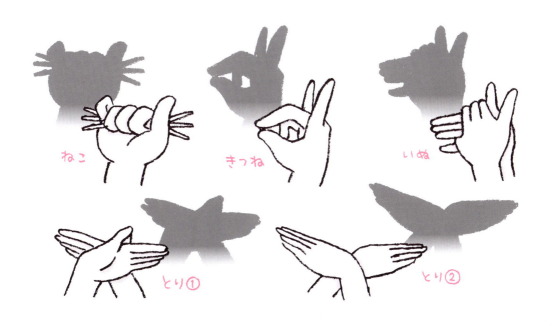

ねこ　きつね　いぬ
とり①　とり②

活動への気持ちを盛り上げる

コミュニケーションに役立つ

子どもを集中させる

ふれあいで心をつなぐ

気持ちを落ち着かせる

戸外活動のあいまを楽しむ

101

第 3 章

「すきま遊び」の配慮と工夫

「すきま遊び」のレシピを得て、いざ実践！
その前に、遊びを充実させるためのポイントを
確認しておきましょう。

「すきま遊び」の選び方

「すきま遊び」は、基本的にはどこでもどんなときでも活用できるものがほとんどです。しかし、子どもたちが遊びの効果を最大限得るためには、その場にふさわしい遊びを選ぶ必要があります。その場にふさわしい「すきま遊び」は、どのように選択すればよいのでしょう。

場所

まず、子どもが「どこの場所」にいるのかを考えましょう。屋外なのか、屋内なのか。同じ屋内だとしても、保育室とホールとでは、選ぶべき「すきま遊び」は違います。

例えば、「言葉あつめ」のゲームなどは声が拡散するホールではおこないにくいですし、「ケンケンパ」「だるまさんが転んだ」のように大きく身体を動かす遊びを狭い保育室でおこなうわけにはいきません。子どもが安心して遊べませんね。

屋外・屋内のどちらにいるのか、身体の動かし方や声の出し方にも考慮して場所に合った遊びを選択しましょう。

場面

「どんな保育場面」で「すきま遊び」をおこなうかも配慮します。例えば、朝に「さようなら」の歌をうたったり、これから食事をしようとするときに「ハミガキ」の手遊びをするのもおかしなことです。その場面で興味・関心がもてる遊びを選ぶようにします。

また、隣のクラスが何かに集中して取り組んでいるときに大きな声を出す遊びは好ましくありません。保育者間で週案や日案を把握し、周囲への配慮もしましょう。

季節・天気

「いつ」おこなう遊びかを考えることも大切です。季節やその日の天候に合わせて「すきま遊び」を選びます。

例えば、雨の日は雨をテーマにした「すきま遊び」、春は芽吹く木々や虫を題材にした遊びをおこなうことで、子どもの興味・関心を無理なく引き出すことができます。季節や天気を活用するのも保育力ですね。

子どもの様子

その日の「子どもの様子」も考慮しましょう。例えば、連休明けのように休みの疲れが見えるときは、ゆっくり落ち着いた園生活ができるような遊びを選びます。常に子どもを中心に考えましょう。

保育者のアレンジで
その「すきま」にふさわしい「すきま遊び」に

「小さな畑」という手遊び歌があります。「♪小さな畑がありました　小さな種をまきました　ぐんぐんぐんぐん芽が伸びて　花が咲きました　パッ」という歌詞で、「中くらいの畑」「大きな畑」と続ける定番の遊びです。

例えば、この歌の歌詞を変えて「♪小さなお庭がありました　小さなモミの木植えました　ぐんぐんぐんぐん背が伸びて　小さなツリーができました　パッ」とうたったらどうでしょう？　クリスマスシーズンにふさわしい手遊び歌になりますね。

あるいは、地域性を考慮して、千葉の保育園なら落花生、群馬ならこんにゃく、東京ならスカイツリーなど、その土地の名産品や名所などを歌詞に取り入れるのもおもしろいです。遊びを通して地域への親しみや地域の文化にふれる喜びを育てることにつながります。

このように「すきま遊び」は、保育者がどんどんアレンジすることで、その場、そのときにふさわしい「すきま遊び」に変えていくことが可能なのです。

実践するときの配慮

「すきま遊び」は、保育者が園で、子どもの集団に対して示す遊びです。日本語がわからない多文化の子どもや発達の気になる子どもなど、特別な対応を必要とする子どもが含まれる場合もあります。遊びをみんなが楽しめるようにするには、どのような対応をしたらよいでしょうか。

特別な対応が必要な子どもへの配慮

「すきま遊び」は中心的な保育活動ではありませんが、だからといって、遊びに入れない子どもを放っておいてはいけません。遊びの内容が理解できずに戸惑っている子ども、遊びに乗りきれていない子どもをフォローする必要があります。保育の計画に入らない"すきま"だからこそ、保育者の言葉かけや寄り添いなど保育のスキルや質が問われます。

　特別な対応が必要な子どもには、保育者がそばについて安心感を与えたり、リズムやテンポをゆっくりにして遊びの難易度を下げたりするなどの工夫が必要です。

　異年齢でおこなう場合は原則、中間の年齢層に遊びのレベルを合わせます。応用として、「できるお友だちはやってみようね」と年上の子ども向け、逆に年下の子ども向けの遊びを交えてもよいでしょう。年下の子どもには、手をつないだり、抱っこするなどあたたかく、やさしい対応が必要です。

安全・安心への配慮

　子どもの安全を守るためには、その「すきま遊び」の内容や子どもの集団構成に応じて、子どもの並び方や位置を工夫することが大切です。身体を動かす遊びなら子ども同士の距離を適切に保てるようにする、異年齢の子どもの場合は小さい子どもを前にする、などです。

　また、子どもの人数に応じて、保育者の配置も工夫します。小集団ならば、子どもの前とうしろに立ちます。もう少し大きな集団ならば、トライアングルの位置に保育者が立つようにします。また、特別な対応を必要とする子どもがいる場合は、その子どものそばに保育者を一人配置しましょう。

　大好きな保育者の声が聞こえる、姿が見えると子どもの情緒は安定し、落ち着くと同時にとてもうれしいものです。「すきま遊び」を通して心の安定や保育者との信頼関係が育まれますね。

「すきま遊び」の準備

「すきま遊び」は保育者が必要と感じたらすぐにその場で、対象となる子どもたちの発達年齢や状況に合わせた遊びを選択し、臨機応変におこなうことが求められます。すぐに実践できるコツを伝えます。

実践体験を蓄積する

　まずはたくさんの「すきま遊び」のレシピを蓄積しておきましょう。何度も実践し、こんな場面でこの遊びを示したら喜んだ、こんなアレンジをしたら盛り上がったなど子どもの様子や反省・課題も含めて、実践して得た経験を記録します。カードを作成したり、パソコンなどで情報を整理しましょう。
　体験の蓄積が子どもを育むのと同時に保育者自身の成長にもなります。

「すきま遊び」箱を用意する

　"すきま"の時間におこなうものだからこそ、準備に手間取っていては遊びの時間がなくなります。「すきま遊び」でよく使う道具を箱にひとまとめにしておくといいですね。笛、おもちゃのマイク、タオル、画用紙とペン、そのほかに軍手おにぎりやテレビの枠など「すきま遊び」用に作った道具もひとまとめにしておきましょう。

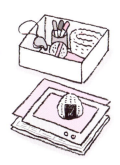

「すきま遊び」の見つけ方、作り方、広げ方

「すきま遊び」には、たくさんの種類があります。アレンジを含めれば、子どもの発達に応じてその数は無限大に広がります。レパートリーの増やし方を伝授します。

今も口ずさめる伝承遊びをアレンジする

「いまここで、すぐにできる遊びは何ですか?」――このような問いかけをすると、「せっせっせ」や「げんこつやまのたぬきさん」のように昔からある伝承遊びをあげる人は多いものです。

　伝承遊びは保育者自身が幼児期や学童期に体験してきたからこそ、しっかりと身についている遊びです。みなさんの身体のなかに知らないうちに染み込み、そして時を超えて楽しめる大きな力があるのです。伝承遊びに出てくる人物やアイテムを少しアレンジして、新しい遊びをどんどん増やしていきましょう。

自分の幼少期の体験を思い起こす

「すきま遊び」に目新しさを求める必要はありません。新しい遊びを覚える前に、まずは、保育者自身の子どものころの体験を思い起こしてみましょう。伝承遊びにも通じますが、歌を覚えていたり、動作もよみが

えってくるものです。自身の原体験ほど価値あるものはありません。

保育の仲間から学ぶ

　先輩、同僚など身近な仲間が実践している「すきま遊び」を見て学びましょう。子どもの反応や、それに合わせてどんなふうにアレンジしているかまで観察して学ぶとよいでしょう。保育者自身の好奇心こそが保育力をぐんぐん伸ばしていきます。

　また、どのような「すきま遊び」を知っているか、保育者同士の保育経験を発表し合う園内研修やミーティングをおこなってもよいでしょう。

そのほかのリサーチ法

　便利な時代になりました。本書のような書籍はもちろんのこと、インターネット上にもたくさんの情報があふれています。「すきま時間　遊び　保育」などのキーワードで検索すると多くの情報が得られます。

　また、園外の研修等に参加するのもよい方法です。コミュニティを広げることで、新たな知識を得ることができます。

Let's try

「すきま遊び」をつくろう

Work 1 ✏ ·········· 「おせんべ やけたかな」をアレンジ

「お・せ・ん・べ・や・け・た・か・な」に合わせて子どもの手に順番に触れるスキンシップ遊び

step1 子どもの様子を思い浮かべる

子どもの好きなこと、興味をもっていることなど、子どもの今の実態を考えます。
例）最近、保育園でおもちつきをしたから、"おせんべ"を"おもち"にする

step2 「すきま遊び」を実践する場面と"すきま"時間を知る

一日のなかで遊びを実践する"すきま"はどんなときがありますか？
例）給食センターから昼食の配送が遅くなっており、到着まであと10分ほどかかる

step3 step2で考えた場面の場所など環境条件を考える

実践する場所は室内、外など、どんな場所ですか？
例）室内、グループごとにテーブルは並べられている

オリジナル おせんべ やけたかな ·······························

遊びの内容

進め方

112

「すきま遊び」のもつ役割や機能への理解を深め、さまざまな遊びのレシピを見てきました。
これらをふまえて、あなたの園の子どもに実践することをイメージして、オリジナルの「すきま遊び」を
考えてみましょう。難しく考えることはありません。伝承遊びをもとに３つのステップで考えれば、
あなたオリジナルの遊びが完成します。

「立てよ ほい！　座れよ ほい！」をアレンジ

「〇〇よ ほい！」のかけ声で保育者が伝えた動作を子どもがそのとおりに動くまねっこ遊び

step1 子どもの様子を思い浮かべる

子どもの好きなこと、興味をもっていることなど、子どもの今の実態を考えます。
例）クラスでは最近、ケンケンパが流行っている

step2 「すきま遊び」を実践する場面と"すきま"時間を知る

一日のなかで遊びを実践する"すきま"はどんなときがありますか？
例）散歩に行くとき、ほかのクラスの子どもが合流するまでに５分くらいの待ち時間がある

step3 step2で考えた場面の場所など環境条件を考える

実践する場所は室内、外など、どんな場所ですか？
例）園庭で待っている

オリジナル　立てよ ほい！ 座れよ ほい！

遊びの内容

進め方

column 1

長い"すきま"時間に対応

Long すきま遊びのレシピ

"すきま"時間は活動と活動のちょっとしたあいだだけでなく、
ときには急なアクシデントなどで長い時間子どもを待たせなければならいない場面も起こり得ます。
そのようなときにも対応できる「すきま遊び」のレシピをご紹介します。
ひとつの歌をベースにし、そこにさまざまな歌や手遊びを取り入れ発展させていきます。

動物園へ行こう　作詞／海野洋司・作曲／T.バックストン・振付／駒井美智子

基本の動き❶

1 ♪どうぶつえんへ

手を2回たたく

2 ♪いこうよ

右手を高くあげる

3 ♪みんなで
いこうよ
どうぶつえんは
ZOO！　てんだ
さあ　いこう

1 2をくり返す

基本の動き❷

4「あれ〜あれ〜」

何かを探すように見まわす

5「あっ　いた！」

何かを発見したように指さす

6「ぞうさんがいたよ！」
♪ぞうさん　ぞうさん
おはなが
ながいのね……

「ぞうさん」の歌をうたいながら、腕をぞうの鼻のように伸ばし、ゆらゆらさせながら歩く

7「ワン・ツー・スリー・フォー」

指で1・2・3・4を示す

8 ♪どうぶつえんへ……さあ いこう

基本の動き❶

9「あれ～あれ～」「あっ いた！」

基本の動き❷

10「うまさんがいたよ！」
「おうま」の歌をうたいながら、ギャロップで走る。ほかの動物やわになど水辺の生き物を登場させ、歌や手遊びをする

11「ワン・ツー・スリー・フォー」

指で1・2・3・4を示す

12 ♪どうぶつえんへ……さあ いこう

基本の動き❶

13「動物園の隣には、遊園地があるよ。何の乗り物があるかな？」

14「あれ～あれ～」「あっ あった！」

基本の動き❷

115

15「空中ぶらんこがあったよ！」

子ども同士は手をしっかりと握り、その場でグルグルまわる。
ほかにも、子どもたちが手をつなぎ大きな輪になって
まわる「観覧車」なども楽しいですね

16「ワン・ツー・スリー・フォー」

指で1・2・3・4を示す

17 ♪どうぶつえんへ
……
　　さあ　いこう

基本の動き❶

18「おなかが
すいたから、
みんなでお弁当を
食べよう」

19 ♪これくらいのおべん
とばこに

「おべんとうばこのうた」をうた
いながら手遊びをし、最後はみん
なでお弁当を食べるまねをします

♪どうぶつえんへ　いこうよ　の「どうぶつえん」を保育
園内のさまざまな場所（違うクラスの部屋や給食室）の名
前に変えて、実際にその場所に行く園内見学として遊ぶ
のも楽しいですね。
ひとつの歌だけ、ひとつの手遊びだけではなく、ミックス
することで「すきま遊び」を広げることができます。

column 2

遊びは心のままの活動

　子どもの生活は大部分が遊びであり、子どもにとって遊びの意義は大きいと言える。

　子どもの遊びの特徴としては、自発的な活動であること、自由な活動であること、快の感情を伴う活動であることの3点であると指摘されている。つまり、子どもは何よりも遊びたいから遊ぶのであり、発達に役立てようと思って遊んでいるわけではない。遊びは自分の心のままの活動であり、その結果、

　　・運動能力が高まる

　　・知的発達を促進する

　　・表現力が高まる

　　・ルールの必要性を知り、自制心が養われる

　　・自発性、自主性が養われる

などの発達がみられるようになる。

　このように「遊び」を通して心身の発育発達が育まれるため、子どもにとっての遊びの重要性が理解できる。

　本書においては、子どもの心身の発達にとって遊びの重要性を指摘し、保育活動の前後などのわずかな"すきま"の時間を活用して「すきま遊び」を展開している。

　また、「すきま遊び」の事例を見ると、要領よく、簡単に記述するとともに、具体的に実践方法が示されており、実践の場での活用が期待される。

横浜国立大学　名誉教授
一般社団法人未来民間教育　名誉顧問
齋藤　歡能

集中遊び ▶ なんのおにぎり？ (P.62)

おにぎりカード

紙だけで作れるおにぎりカードを使って、「なんのおにぎり？」遊びをしましょう。

■作り方
1. 115%に拡大し、白黒コピーをします。
2. 切り取り線に沿っておにぎりとのりを切ります。
3. 山折り線に沿ってのりを折ると、おにぎりのできあがり！
4. おにぎりの具に色をぬり、切り取り線に沿って切ります。
5. おにぎりとのりのあいだに具材をはさみ、具が落ちないように具の裏とおにぎりをセロハンテープなどで留めます。

おにぎりとのり

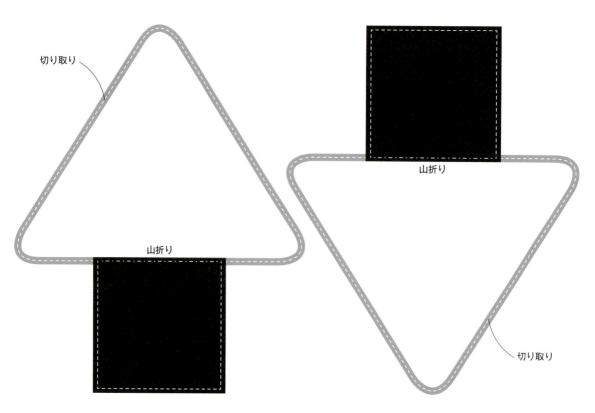

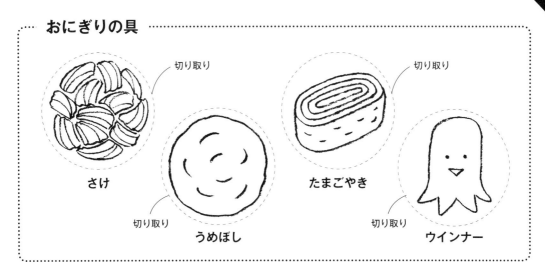

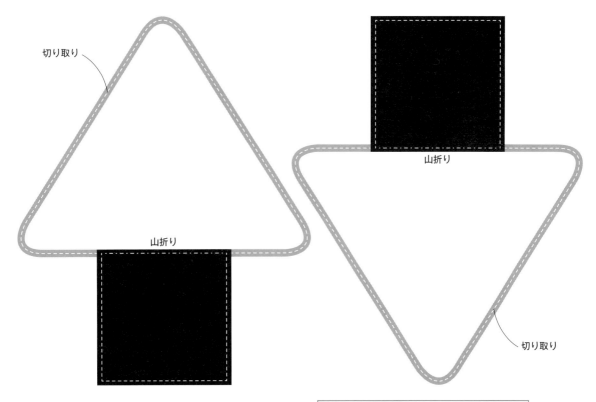

115%に拡大コピーしてご使用ください

119

著者

駒井美智子（こまい・みちこ）

常葉大学 保育学部保育学科教授

聖徳大学大学院博士前期課程児童学研究科修了（修士）。
東京福祉大学大学院社会福祉学研究科社会福祉専攻博士後期課程単位取得後退学。
山梨学院短期大学保育科准教授、東京福祉大学短期大学部こども学科教授を経て、2016 年
より現職。児童教育学、保育学を専門とし、昭和女子大学などでも非常勤講師を勤める。
講演、子育てイベント等に携わり幅広い分野で保育・子育てに関するサポートをおこなうほ
か、不登校やひきこもりなど課題を抱える子どもたちの支援にも力を注ぐ。
著書に『保育者をめざす人の保育内容「言葉」』（みらい社）、『保育・教職実践演習―保育理
論と保育実践の手引き―』（大学図書出版）など。座右の銘は「至誠天に通ず」。

保育わかば BOOKS

子どもイキイキ！
園生活が充実する「すきま遊び」

2018 年 5 月 31 日　発行
2020 年 3 月 31 日　初版第 2 刷発行

監　修　　社会福祉法人 日本保育協会
著　者　　駒井美智子
発行者　　荘村明彦
発行所　　中央法規出版株式会社
　　　　　〒 110-0016　東京都台東区台東 3-29-1　中央法規ビル
　　　　　営　　業　Tel 03（3834）5817　Fax 03（3837）8037
　　　　　取次・書店担当　Tel 03（3834）5815　Fax 03（3837）8035
　　　　　https://www.chuohoki.co.jp/

編集　　　　　　　株式会社こんぺいとぷらねっと
印刷所　　　　　　株式会社ルナテック
装幀・本文デザイン　SPAIS（山口真里　熊谷昭典）
イラスト　　　　　中小路ムツヨ

定価はカバーに表示してあります。
ISBN978-4-8058-5700-7

本書のコピー、スキャン、デジタル化等の無断複製は、著作権法上での例外を除き禁
じられています。また、本書を代行業者等の第三者に依頼してコピー、スキャン、デ
ジタル化することは、たとえ個人や家庭内での利用であっても著作権法違反です。

落丁本・乱丁本はお取替えいたします。

本書へのご質問について
本書の内容に関するご質問については、下記 URL から「お問い合わせフォーム」に
ご入力いただきますようお願いいたします。
https://www.chuohoki.co.jp/contact/